CROIRE
A
L'AMOUR

NIHIL OBSTAT
Paris, le 20 juillet 1969
Xavier RIOU
Supérieur provincial

PERMIS D'IMPRIMER
Laval, le 22 octobre 1969
Jacques GUILHEM
Evêque de Laval

PÈRE JEAN DU CŒUR DE JÉSUS D'ELBÉE
de la Congrégation des Sacrés-Cœurs

croire à l'amour

Retraite de vie intérieure

76e mille

TÉQUI
82 rue Bonaparte - Paris VIe

DU MEME AUTEUR

Histoire de deux vocations qui n'en sont qu'une
Le Comte et la Comtesse Claude d'Elbée

EN RELIGION :
Père Jean et Mère Claire
du Cœur de Jésus

Cet ouvrage est paru dans les langues suivantes :

En Italien :

CREDERE ALL'AMORE
Libreria S. Maria delle Grazie
S. Giovanni Rotondo (Fg)

En Allemand :

AN DIE LIEBE GLAUBEN
Verlag Siegfried hacker
Gröbenzell

En Anglais :

I BELIEVE IN LOVE
Franciscan Hérald Press
1434 West 51st street
Chicago — Illinois 60609

En Portugais :

CONFIAR NO AMOR
Livraria da Boavista 591
Porto

Quelques témoignages

Cardinal JOURNET - FRIBOURG

En vous remerciant profondément du beau petit livre, et de prêcher les vérités de toujours avec un cœur sans cesse nouveau, et en vous demandant le secours de vos prières.

Prince Xavier de BOURBON-PARME - PARIS

Je reçois votre livre CROIRE A L'AMOUR et je le lis en croyant vous entendre parler.
Dans cette période d'incertitude, d'angoisses même chez beaucoup de chrétiens qui nous abordent, se sentant désorientés, votre livre est la grande réponse. C'est dans l'Amour de Dieu qui se penche sur nous que nous trouvons les paroles de réconfort pour eux et pour nous-mêmes.
Merci bien de cœur d'avoir écrit ce livre. Il vient vraiment comme la grâce du ciel, à son heure, en apportant la joie de mieux connaître la bonté du Seigneur, en l'approchant davantage.

Jean LADAME, Supérieur des Chapelains de PARAY-LE-MONIAL

Je suis très touché de l'hommage que vous m'avez fait de votre livre. Voilà de quoi alimenter les âmes de vraie vie spirituelle, celle qui les met en contact — j'oserais dire expérimentalement — avec le Cœur brûlant de Jésus. Les âmes meurent aujourd'hui parce qu'on n'alimente pas en elles la vie mystique authentique. On ne les abreuve plus aux eaux vives du salut. Votre livre sera pour elles une source bienfaisante.

Mère FRANÇOISE-THERESE de l'ENFANT-JESUS, ancienne prieure du Carmel de Lisieux

Je vous remercie de la grâce que m'a été la lecture de votre livre... C'est en plein l'esprit de sainte Thérèse de l'Enfant-Jésus. Oui, c'est bien son message de « confiance et de total abandon » qui est diffusé là.
Je ne suis pas surprise que les âmes en soient si réconfortées, si dilatées et attirées dans la voie de la sainteté. Le Seigneur vous a donné la mission de faire croire à son Amour et vous la remplissez parfaitement. Cela signifie toutes les conséquences pour la sanctification des âmes, le salut éternel de beaucoup.

Un professeur de dogme

J'ai eu le privilège et la joie de lire votre retraite. Au point de vue théologique, c'est parfait puisque vous ne faites qu'expliquer — et avec quelle autorité et persuasion — l'Evangile.
C'est la première qualité et la plus fondamentale de votre ouvrage. Le Sacré-Cœur ne peut manquer de le bénir. Il fera son chemin et consolera une quantité d'âmes.

Un séminariste des Carmes

Depuis dimanche soir, je m'arrache difficilement à la lecture méditative du merveilleux ouvrage du père d'Elbée CROIRE A L'AMOUR.
Peu d'écrits de nos jours parviennent dans des pages aussi denses et simples à entraîner le lecteur attentif à revenir à l'essentiel : l'union personnelle et profonde au Seigneur Amour et Lumière.
Tout est là et paraît simple, pourtant aucune vie terrestre n'est assez longue pour épuiser les richesses insondables de notre Dieu Amour.
Oui ! c'est bien lui qui nous attend toujours, même lorsque nous croyant abandonnés, nous le cherchons.

Jean DAUJAT

Le point de départ de tout le renouveau spirituel de notre siècle, de cette effusion du Saint-Esprit, de cette nouvelle Pentecôte dont ont parlé Pie XII et Jean XXIII, c'est sainte Thérèse de Lisieux, que tous les papes depuis PIe XI ont proclamée comme le Docteur dont notre temps avait besoin et que Dieu a choisie pour ce temps.

C'est dans cette orientation spirituelle que se situe CROIRE A L'AMOUR du R. Père d'Elbée, suite de méditations bien propres à former les âmes, à vivre d'une confiance sans limite dans le Don, lui aussi sans limite de l'Amour infini (Doctrine et Vie, *1970).*

Une Mère prieure

C'est avec beaucoup de joie que j'ai lu le petit livre de quelqu'un qui aime Dieu et qui sait bien qu'il n'y a que l'amour qui compte et qui donne la paix. Cela est bon en notre époque d'entendre ces vérités de toujours qu'on ne dit pas assez et avec cette conviction qui est le cri du cœur. Merci. Que tant d'amour nous aide tous et nous entraîne à cette confiance éperdue, si la vie a ses peines, elle a aussi beaucoup de joies.

Des religieuses

Merci de votre livre. A chaque page, je trouve ce qui m'est le plus nécessaire : Croire à l'Amour et s'abandonner à cet Amour quii surpasse tout. Vous avez raison de dire que la confiance n'est pas facile. Je veux dire la confiance sans limite, la confiance poussée jusqu'à la folie. Mais seule, cette confiance est une digne réponse de notre cœur à l'Amour de Notre-Seigneur.
Maintenant mes ténèbres ne m'affligent plus car je suis sûre de mon Jésus. Il se cache c'est vrai, mais en même temps il me semble que rien ne peut nous séparer. Je ne sais pas comment cela est possible : la nuit dans l'âme et cette sorte de sûreté que Jésus est tout près, mais puisque cela m'aide à l'aimer de plus en plus et m'unit à lui, je suis très heureuse de tout ce qu'il me donne.

Je voudrais sans plus tarder vous remercier de votre livre CROIRE A L'AMOUR qui fait mes délices et ma joie et celles de mes novices.
Il m'aide beaucoup à supporter les épreuves nombreuses et variées que Jésus permet pour moi en ce moment. J'ai dit « supporter » mais le mot ne convient pas car je crois plutôt que je les « embrasse » avec amour, amour de volonté du moins, car la nature gémit. Mais comme

vous le dites, c'est normal, et Jésus qui sait notre grande faiblesse, le comprend. Oui ! avec sa grâce et grâce à vous qui me l'avez appris, c'est devenu pour moi un réflexe de dire toujours « Merci pour tout, Jésus ».

Un responsable des jeunes de la Société de Saint-Vincent de Paul

Quoique très pris par les révisions en vue de mon examen d'agrégation, cela ne m'a pas empêché de découvrir peu à peu le livre du Père d'Elbée. J'y ai découvert ce dont nous avons le plus besoin dans un monde tourmenté comme le nôtre : la sérénité.

Croire à l'Amour, oui c'est bien la seule raison de vivre, le seul sens à donner à la vie. L'Evangile de ce matin le disait encore : « Il n'y a pas de plus grand amour que de donner sa vie pour ceux qu'on aime ».

Vous craignez que le style ait vieilli. Il n'y a que le contingent qui passe de mode. L'amour, pour sa part, est éternellement jeune parce que jamais figé, toujours jaillissant, toujours enthousiasmant. En lisant ces pages je pensais à d'autres lignes que vouss connaissez sans doute, celles de la merveilleuse Madeleine Delbrel : « Si nous vous aimions vraiment, Seigneur, nous saurions tout de suite quelle danse il vous plaît de nous faire danser en épousant les pas de votre Providence ».
En son genre votre livre aussi donne envie de danser.

Des personnes dans le monde

Merci de m'avoir envoyé CROIRE A L'AMOUR. Le livre est magnifique. Cette doctrine est mon idéal, hélas ! suivi encore de très loin. Cette vie de foi, d'abandon et d'amour a été le rêve de toute ma vie ! mais le soir de la vie n'échappe pas à la règle, le soir de nos journées amène le noir, le manque de lumière. Ce petit livre sera une lumière dans ma nuit. Le Saint-Esprit vous a inspiré ! J'en suis toute émue, je vais en faire mon livre de méditations.

Ma fille a été à l'agonie pendant trois jours et trois nuits. Ces jours et ces nuits, je les ai passés avec le petit livre CROIRE A L'AMOUR en mains, je n'ai pu supporter ces heures que grâce à lui. Je ne puis maintenant garder pour moi cette découverte, que je vous dois et vous demande d'envoyer ce livre aux personnes suivantes.

Quand je cherche un mot de Jésus, un désir de son Cœur ou lui-même, j'ouvre CROIRE A L'AMOUR. Si vous saviez comme cela fait du bien de l'y trouver et de l'entendre nous parler, car il y est, vous l'avez mis dans chaque ligne. Merci pour ce don inestimable.

PAROLES DU PAPE PAUL VI

Quelle est la découverte que le fidèle parvient à faire lorsqu'il cherche le sens profond et total de la Révélation divine ? Cette découverte, c'est l'Amour. Dieu s'est surtout révélé comme étant Amour. Toute l'histoire du salut, tout l'Evangile est Amour.

Nous pourrions citer ici tant de pages de l'Ecriture. Par exemple, celle-ci qui nous vient à l'esprit :

> « De loin le Seigneur est apparu : d'un Amour éternel je t'ai aimé aussi t'ai-je conservé ma faveur » (Jr 31, 3).

Toute l'épopée de la Rédemption est Amour et Miséricorde, effusion de l'amour de Dieu sur nous. Et l'histoire du salut est résumée dans cette célèbre phrase de saint Paul :

> « Que vous puissiez comprendre avec tous les saints ce qu'est la largeur, la longueur, la hauteur et la profondeur et connaître l'Amour du Christ qui surpasse toute connaissance, afin que vous soyez comblés de toute la plénitude de Dieu » (Ep 3, 17).

Arrêtons-nous ici. Nous en aurons assez dit aujourd'hui pour pouvoir célébrer ces deux fêtes — de l'Eucharistie et du Sacré-Cœur — en étant, pour ainsi dire, conduits vers le point prophétique qui les présente et nous fait savourer — sinon comprendre — quelque chose de leur vrai sens religieux, de leur réalité superlative et violente : « Dieu a tant aimé... » (Jn 3, 16). *Et cela nous émeut, nous bouleverse. Si l'on arrive à comprendre que l'on est aimé à un degré suprême inimaginable, jusqu'à la mort silencieuse, gratuite, cruelle jusqu'à l'immolation totale* (Jn 19, 30) *par celui que nous ne connaissions même pas et, si nous l'avons connu, que nous avons renié et offensé ; si l'on arrive à comprendre que nous sommes l'objet d'un tel amour, d'un si grand amour, nous ne pouvons pas rester tranquilles...*

Telle est l'origine du culte du Sacré-Cœur de Jésus : sachons que le mot cœur est symbole, signe, synthèse de notre Rédemption vue de l'intériorité divine et humaine du Christ. Jésus nous a aimés, dit le Concile, également " avec un cœur d'homme " et combien ! Le saviez-vous ? Y pensez-vous ? Comment pensez-vous y répondre ?

Extraits du discours de l'audience générale, 2 juin 1969

A Mère Claire-Marie
du Cœur de Jésus

Références :

M.A. = Manuscrits autobiographiques de sainte Thérèse de l'Enfant-Jésus

H.A. = *Histoire d'une Ame.*

N.V. = *Novissima Verba.*

I

AMOUR POUR AMOUR

Le pape Paul VI s'adressant aux membres du Congrès de l'apostolat des laïcs, le 15 octobre 1967, à Saint-Pierre, voulant résumer quelle doit être la spiritualité des laïcs, affirme : « Il suffira de vous le dire d'un mot : seule votre union personnelle et profonde avec le Christ assurera la fécondité de votre apostolat, quel qu'il soit ».

❦

Pendant cette retraite, j'ai l'intention de vous parler de l'amour confiant, à l'école de sainte Thérèse de Lisieux dont Pie XII disait : « C'est l'Evangile même, le cœur de l'Evangile qu'elle a retrouvé »[1].

1. Message à Lisieux, 11 juillet 1954

Peut-on concevoir affirmation plus forte, plus éloquente, plus convaincante de la profondeur divine d'une doctrine ? Et cela, de la bouche même du pape : « C'est le cœur de l'Evangile qu'elle a retrouvé ».

J'ai intitulé cette première instruction « amour pour Amour ».

Prior dilexit nos[2] ; Dieu nous a aimés le premier pour que nous l'aimions. Voilà l'explication de tout : de la Création, de l'Incarnation, du Calvaire, de la Résurrection, de l'Eucharistie.

La Création, c'est l'Amour infini qui a débordé de lui, si l'on peut dire. Dieu nous a créés par amour de lui-même et par amour des créatures, pour avoir qui combler de son amour et de sa miséricorde. « C'est parce qu'il est bon que nous sommes, que nous existons », a dit saint Augustin. Il ne nous a pas créés par nécessité : il n'avait pas besoin de nous. Il ne nous a pas créés par justice : il ne nous devait rien. Non, c'est à son pur amour que nous devons l'existence.

2. 1 Jn 4, 10.

L'apôtre saint Jean qui a recueilli sur la poitrine de Jésus, à la Cène, les battements de son cœur et,en même temps, les secrets de son amour, nous les a tous révélés dans sa première épître, quand il nous dit : *Deus caritas est,* Dieu est Amour[3].

Dieu nous créa dans l'état de justice originelle, état merveilleux d'équilibre et d'harmonie : nos facultés inférieures parfaitement soumises à nos facultés supérieures, lesquelles étaient parfaitement soumises à Dieu. Voilà le péché qui bouleverse tout cela, qui blesse notre nature profondément, nous livre à la concupiscence, à la souffrance, à la maladie, à la mort.

Et cependant Dieu est tellement Amour qu'avant même de promulguer le châtiment, il annonce la Femme et son Fils vainqueurs du serpent. Si Adam avait compris, avant même de quitter le paradis terrestre, il aurait pu pousser ce cri étonnant de l'Eglise le Samedi saint : « Oh ! vraiment nécessaire péché d'Adam qui a été effacé par la mort du Christ ! Oh ! heureuse faute qui a mérité un tel

3. 1 Jn 4, 8.

Rédempteur ! »[4]. *Felix culpa* qui nous a valu tant de souffrances, oui, mais une si admirable Rédemption !

Et parce que Dieu est Charité, il a donné au monde son Fils bien-aimé. « Ainsi Dieu a aimé le monde jusqu'à lui livrer son Fils unique »[5].

Le péché, mépris d'un amour infini, ne pouvait être réparé que par un amour infini. Le Verbe de Dieu s'incarne pour que l'amour triomphe en lui et par lui.

Jésus a acheté au Calvaire un double droit au prix de tout son sang : le droit, pour lui, de nous aimer malgré, ou à cause même de nos péchés, de notre indignité ; et le droit, pour nous, de l'aimer du fond de notre immense misère et de contempler ses attributs divins, y compris sa justice, dans sa miséricorde infinie.

Saint Paul parlant du Calvaire ne trouve qu'un mot : « La folie de la Croix »[6].

Le Verbe s'incarne et alors ce sont ces mystères que nous résumons d'un mot : Bethléem,

4. Chant de l'Exultet

5. Jn 3, 16.

6. 1 Co 18, 23.

Nazareth, Gethsémani, le Calvaire, l'Eucharistie qui sont des abîmes insondables de cet amour miséricordieux.

L'Incarnation, le Dieu immense que le ciel et la terre ne peuvent pas contenir, petit enfant sur la paille d'une crèche ; Nazareth, la vie d'un Dieu sur la terre pendant trente ans : vie d'obéissance, de pauvreté, de silence, dans un total effacement. Gethsémani, il paraît devant son Père, couvert de nos péchés, lui « qui a porté lui-même nos fautes dans son corps »[7]. Il obtient pour nous le droit de paraître un jour devant le Père couvert du sang jailli par tous les pores de son corps sous le pressoir de l'agonie et répandu au Calvaire jusqu'à la dernière goutte. Alors le Père ne nous reconnaîtra pas comme pécheurs, nous, ses enfants régénérés et rénovés par le baptême dans ce sang ; il nous prendra pour son Fils bien-aimé.

Voyez l'échange sublime : Jésus prend sur lui nos fautes, et nous, nous faisons nôtres ses mérites. Et le Père nous reçoit comme si nous étions son Fils bien-aimé, par une infinie miséricorde, mais en toute justice.

7. 1 P 2, 24.

Après une retraite où j'avais prêché cela avec beaucoup de conviction, une retraitante me dit :« De votre retraite, je veux retenir plus spécialement une chose : Mes péchés sur lui, son sang sur moi ».

A l'heure de notre agonie, à cette heure de vérité, quand, au moment de paraître devant Dieu, nous repasserons, peut-être, dans notre mémoire toute notre vie, avec tant de misères et de faiblesses, tant de défaillances et de chutes, je souhaite que, le cœur contrit mais avec une immense confiance, nous disions à Jésus : « Tout cela, tout cela je vous le donne. N'êtes-vous pas venu sur la terre pour chercher mes péchés et les prendre sur vous ? En échange, donnez-moi le prix de votre sang, les trésors de votre Rédemption, tous vos mérites, ils sont à moi ».

C'est dans cet esprit que la Petite Thérèse disait : « Au soir de cette vie je paraîtrai devant vous les mains vides »[8]. « Me trouver les mains vides à ma mort, c'est justement ce qui fait ma joie, car n'ayant rien, je recevrai tout du Bon

8. Acte d'offrande.

Dieu »[9]. Quelle profondeur, quelle logique, quelle finesse d'amour il y a dans ces paroles.

Toute notre richesse spirituelle, tous nos biens surnaturels, toute notre vie de sainteté, c'est lui et rien que lui. Il est à nous, ses mérites sont à nous, le prix de son sang est à nous, lui, Jésus tout entier est à nous. « Il s'est livré »[10] à nous sans réserve pour que nous usions de lui, oh ! j'ose le dire, pour que nous abusions de lui. Il veut se substituer à nous pour tout, moyennant, bien entendu, notre bonne volonté entière, dans le don de nous-mêmes, dont je vous reparlerai.

Comprenez ici par quelle divine inspiration Jean XXIII a voulu nous remettre dans le cœur la dévotion au Précieux Sang de Jésus, l'unissant au culte du Très Saint Nom de Jésus et de son Sacré-Cœur[11].

Après Gethsémani, ce fut la flagellation horrible, le couronnement d'épines, le Calvaire. Il regardait avec amour de miséricorde ceux qui

9. N.V., p. 37.

10. Ga 2, 20.

11. Cf. Lettre apostolique *Inde a primis* du 30 juin 1960.

avaient ouvert des plaies dans ses mains et dans ses pieds parce qu'elles seraient les portes du ciel pour ceux-là mêmes qui les avaient faites. Et il disait : « Père, pardonnez-leur, ils ne savent pas ce qu'ils font »[12].

Comme si cela n'était pas encore assez, il invente l'Eucharistie. Un Dieu qui se fait pain, petite hostie pour descendre sur nos lèvres et dans nos cœurs, pour supprimer entre lui et nous toute distance.

L'amour est exigeant, l'amour est absolu. Alors, il institue le sacrement qui réalise, entre lui et nous, plus qu'une union, plus qu'une fusion : l'unité de l'amour. Il veut que nous ne fassions qu'un avec lui *ut unum sint*[13]. Il ne pouvait réaliser cette unité qu'en nous changeant en lui.

Oui, vraiment, il nous a aimés immensément. Il nous a aimés d'un amour incompréhensible qui dépasse tous les mots de la terre. Il nous a aimés jusqu'à l'extrême limite. Saint Jean ne trouve pas d'autre mot : « Jusqu'au bout »[14].

12. Lc 23, 34.

13. Jn 17, 22.

14. Jn 13, 1.

Ce que je viens de vous dire, vous le savez par cœur. C'est l'Evangile, ce n'est pas autre chose. Vous avez appris cela dès votre enfance. Vous avez grandi en approfondissant ces mystères. Mais on ne lit pas assez l'Evangile à la lumière de l'amour du Christ.

C'est ainsi qu'a pu naître et se répandre seize siècles après la Cène et le Calvaire la plus satanique de toutes les hérésies, le jansénisme. Hérésie qui a fait d'un Dieu d'amour, les bras ouverts, disant : « Venez tous à moi, venez parce qu'indignes, venez parce que pécheurs, venez parce que vous avez besoin d'être sauvés », un Dieu les bras levés pour frapper, un Dieu exigeant, un Dieu vengeur. Sous prétexte d'indignité, le jansénisme a diaboliquement écarté les âmes de Jésus.

C'est alors que, n'y tenant plus, il apparaît à sainte Marguerite-Marie à Paray-le-Monial et fait, par elle, le don de son Cœur au monde. « Voici ce Cœur qui a tant aimé les hommes qu'il n'a rien épargné jusqu'à s'épuiser et se consommer pour leur témoigner son amour ».

Avant Paray-le-Monial, Jésus a pu penser : « Je leur ai tout donné. Je leur ai donné mes sueurs et mes fatigues sur les routes de Palestine ; je leur ai donné tout mon sang au Calvaire ; je leur ai fait don de ma mère bien-aimée ; je me suis donné moi-même dans l'Eucharistie. Que puis-je faire encore pour qu'ils croient à mon Amour ? J'ai trouvé, je leur donnerai mon Cœur, je leur donnerai la source de toutes ces folies de mon Amour. Mais si après le don de mon Cœur, ils ne m'aiment pas, quand donc m'aimeront-ils ? »

Faites cette méditation de l'Amour de Jésus dans son Evangile, de l'Amour de Jésus dans sa vie, à lui, comme nous venons de le faire brièvement. Et puis faites la méditation de l'Amour de Jésus dans votre vie à vous.

Nous avons parlé de son Amour pour tous, parlons maintenant de son Amour pour vous personnellement. C'est une méditation que l'on ne trouve pas dans les livres. C'est une méditation que vous trouverez dans le livre de votre vie.

Pourquoi êtes-vous ici ? Pourquoi êtes-vous nés dans une famille chrétienne ? Pourquoi avez-vous été baptisés ? Pourquoi avez-vous appris à connaître Jésus, à l'aimer depuis votre plus tendre enfance ? Parce qu'il vous a choisis et préférés de toute éternité, afin de vous combler de ses grâces. Rappelez-vous vos premières prières, votre confirmation, votre première communion, cette première fusion de votre âme avec Lui, vos infidélités, petites ou grandes, Jésus vous relevant, se faisant tant de fois votre Bon Pasteur, courant après sa petite brebis, la rapportant dans ses bras ; l'absolution reçue si souvent dans le sacrement de pénitence, cette effusion de son sang divin qui vous purifie en un instant. Pourquoi encore cette grâce de choix de faire partie de l'élite chrétienne, appelée à suivre des retraites ? Parce que vous avez été aimés avec prédilection. Il n'y a pas d'autre explication. Et si parmi vous il y a des convertis, c'est à l'action de grâce d'un saint Paul, d'un saint Augustin qu'ils doivent s'unir.

Comme il a eu confiance en vous en se donnant ainsi. On peut dire que vous avez été un besoin pour son Cœur.

Parmi vous beaucoup ont toujours été fidèles, d'autres ont peut-être résisté longtemps à ses appels, d'autres sont tombés très bas. Quels sont ceux que Jésus aime le plus ? Personne ne peut le savoir. Au Calvaire, il y avait Jean le bien-aimé, l'apôtre merveilleusement fidèle et pur ; et il y avait Marie Madeleine, la grande pécheresse, la scandaleuse repentie. Ils étaient là, tous les deux, auprès de la Croix, comme sur un pied d'égalité. Au matin de la Résurrection, c'est à Madeleine que Jésus apparaît tout d'abord, avant même d'apparaître à ses apôtres et il l'envoie leur annoncer la grande nouvelle. Il fait d'elle l'apôtre des apôtres. Quelle prédilection ![15].

J'y reviendrai, mais je voudrais vous demander, dès maintenant, et avec force : que vos fautes passées ne soient jamais un obstacle entre Jésus et vous. C'est une ruse du diable de remettre sous nos yeux nos péchés pour en faire comme un écran entre le Sauveur et nous. Pensez à vos fautes passées pour vous humilier, pour vous persuader davantage encore de votre faiblesse, de votre indignité ; pour être heureux d'expier, pour confirmer votre ferme propos de ne pas retomber ; oui, il

15. Cf. Jn 20, 17.

le faut, mais surtout pour bénir Jésus de vous avoir pardonné, de vous avoir purifié, d'avoir jeté tous vos péchés au fond de la mer. *« Projiciet in profondum maris omnia peccata nostra »*[16]. N'allez pas les rechercher au fond de la mer. Il les a effacés, il les a oubliés. Son sang est passé, les flammes de sa miséricorde ont passé, elles ont tout brûlé, tout consumé en vous renouvelant vous-mêmes. Nos fautes doivent rester pour nous source d'immense reconnaissance pour le pardon reçu et source d'une foi sans limites en une miséricorde qui n'en a pas. Foi qui, de plus, obtient la rémission des peines dues à nos fautes, dans la mesure où elle est pleine d'amour[17].

Si vous avez été aimés ainsi, vous devez aimer à votre tour, rendre amour pour Amour. « Je t'ai aimés, tu aimeras ; je t'ai donné mon cœur sans réserve, c'est pour avoir ton cœur sans réserve ; je n'ai pas mis de limite à mon Amour, tu ne dois pas mettre de limite au tien ».

16. Mi 7, 19.

17. Cf. Saint Thomas III q, 79, art. 5.

Le premier commandement, vous le connaissez : « Tu aimeras le Seigneur ton Dieu de tout ton cœur, de toute ton âme et de tout ton esprit »[18]. Il contient tous les autres et il est pour tous.

Quand Jésus voulut fonder son Eglise sur Pierre, il lui posa par trois fois une seule question : « Pierre, m'aimes-tu ? » Il aurait pu dire : « Pierre, seras-tu l'homme de caractère capable d'entraîner tes frères à ta suite ? Seras-tu le savant capable de les instruire, de les éclairer ? Le modèle des vertus pour leur servir d'exemple ? » Il ne pose aucune de ces questions mais seulement : « Pierre, est-ce que tu m'aimes ? » C'est tout. Pierre aimant Jésus, l'Esprit-Saint sera en lui et rien ne lui manquera pour paître les agneaux et les brebis.

« La plénitude de la Loi, c'est l'amour », dit saint Paul[19] et saint Augustin : « Aime et fais ce que tu voudras ».

Ecoutez saint Jean de la Croix affirmant que « le plus petit mouvement de pur amour est

18. Mt 22, 37.

19. Rm 13, 10.

plus utile à l'Eglise que toutes les œuvres réunies ensemble ». Et petite Thérèse, la veille même de sa mort, à sa sœur Céline : « J'ai tout dit. Tout est accompli ! C'est l'amour seul qui compte »[20]. Après sa mort un déluge de miracles tombe du ciel pour nous dire : « Elle ne s'est pas trompée, c'est l'amour seul qui compte ».

J'ai été en pèlerinage à Assise, à Paray-le-Monial, à Ars, à Lisieux et, dans ces villes qui restent, à travers les siècles, toutes remplies du parfum céleste des saints qui y ont vécu, je me posais la question : « Comment François, le saint Curé, Marguerite-Marie et Thérèse ont-ils pu accomplir la divine mission qui fut la leur, dans la sainte Eglise ? » Et la réponse me venait, pour chacun, comme un refrain : *« Dilexit...* il a aimé... elle a aimé... ».

Pour le cardinal Pie, tout le dogme était contenu dans ce mot : *« Dilexi te »*, « Je t'ai aimé ». Toute la morale dans cet autre : *« Diligam te »*, « Que je vous aime ».

Une sainte âme disait à Notre-Seigneur : « Pourquoi venez-vous ainsi sur la terre cher-

20. N.V., p. 190.

cher l'amour ? Vous avez dans le ciel vos anges et vos saints qui vous aiment d'un amour sans ombre, tandis qu'ici-bas, toutes nos justices ont des taches à vos yeux ». Et Jésus répond : « Je viens sur la terre chercher l'amour, mendier l'amour, parce que j'ai soif d'amour libre ».

Non pas que les bienheureux ne soient pas libres : ils le sont souverainement, leur volonté s'identifiant avec le vouloir de Dieu infiniment libre — et la faculté de pécher n'étant pas une liberté mais une servitude —. Mais il s'agit de cette liberté dont parle saint Thomas quand il dit : « Dieu a créé l'homme libre parce qu'il agit en vertu d'un libre choix, procédant de son propre conseil ».

L'amour sur la terre se prouve par un libre choix. Quand on aime, on choisit celui qu'on préfère. Jésus veut être choisi, veut être préféré. Voilà le grand mystère de la foi. Il se cache au point de pouvoir être mis en balance avec la créature. Souvent notre nature blessée par le péché originel, entraînée par la concupiscence, trompée par le démon est tentée de se détourner de lui. C'est alors que nous pouvons lui dire : « Jésus, vous que je n'ai jamais vu, jamais entendu, qui semblez parfois si loin, vous qui êtes vraiment un Dieu caché[21], tandis que l'attrait de ce que vous réprouvez est si fort et le fruit défendu si proche, Jésus, c'est vous que je choisis, c'est vous que je préfère, c'est vous que j'aime ».

Que de fois, au cours de nos journées, au milieu des tentations de toutes sortes, nous avons l'occasion de lui donner cet amour libre qu'il réclame et qui doit aller jusqu'au don de notre liberté même. Puisqu'au ciel, notre béatitude sera d'être fixés à jamais dans ce choix que nous aurons fait de lui, profitons de notre exil pour le choisir, en le préférant à tout.

Quelle force dans la tentation de pouvoir dire : « Je vous choisis, Jésus, parce que je vous aime ». On a bien dit que la religion ce n'est pas quelque chose, c'est Quelqu'un. C'est la Trinité Sainte en nous, c'est Dieu avec nous, c'est Jésus, choisi et préféré. « *Filioli*, mes petits enfants, demeurez dans mon Amour »[22].

21. Is 45, 15.

22. Jn 13, 33 ; 15, 9.

En vous demandant ainsi votre cœur, il vous donne la vie. L'amour, c'est la vie, c'est le soleil, la lumière, une chaleur divine sur toute la vie... Sans cet amour, vous vivotez, vous végétez. Extérieurement, on accomplit ses exercices spirituels, ses devoirs d'état, mais si le cœur n'y est pas, la vie n'y est pas. Sans amour, tout peine, tout fatigue, tout est lourd. La croix prise en hésitant est écrasante ; prise en souriant – de volonté – et avec amour, elle vous portera bien plus que vous ne la porterez. L'amour éternise le temps en donnant à tout un prix divin.

Il y a une expression que je n'aime pas : « Il faut s'acquitter de ses devoirs de piété », un peu comme le devoir de répondre à une lettre, de rendre une visite ; ou comme les devoirs des serviteurs envers leur maître, alors que Jésus veut l'amitié. Il récompensera, parce qu'il est si bon, pour les devoirs acquittés ; mais quel abîme entre les deux façons de faire : par devoir ou par amour. Louis Veuillot écrivait : « Le devoir tout sec est un monsieur froid et dur qui ne console personne, et qui est fort ennuyeux. Dites-moi d'aimer Dieu afin de remplir avec joie le devoir qu'il m'impose et de garder la grande joie de l'amour qui est le sacrifice ». Surnaturalisez ainsi, par l'amour, vos devoirs d'état.

Jésus a dit : « Je suis venu apporter le feu sur la terre »[23]. Incendiés, vous devez être des incendiaires.

Pour répandre l'amour, il faut commencer par le connaître, il faut commencer par y croire, il faut commencer par en être rempli, il faut commencer par en vivre. « Jésus, remplissez du feu de votre Amour le " petit troupeau " venu ici pour écouter votre parole et " auquel il a plu au Père de donner le Royaume "[24]. Donnez-lui une flamme assez grande pour qu'elle rayonne autour d'elle ».

A notre époque où la haine se répand dans le monde d'une façon effrayante, il faut opposer à ses assauts, à ses vagues déchaînées, le rempart de l'amour.

En face de la Russie et de la Chine communistes, du néopaganisme et du matérialisme

23. Lc 12, 49.

24. Lc 12, 32.

envahissants, de ces gouvernements sans Dieu, quand ils ne sont pas ses ennemis déclarés, de ces Constitutions où il n'est même pas nommé, que pouvons-nous faire, " petit troupeau ", dans notre faiblesse ? Nous avons la toute-puissance de l'amour à notre disposition, la toute-puissance de Jésus qui a dit : « Confiance, j'ai vaincu le monde »[25].

Mais la victoire dépend de notre foi en lui, de notre espérance, de notre charité.

Ah ! ce qui est beau, ce qui est encourageant, c'est que plus nous sommes faibles, plus nous sentons notre impuissance, et plus cette puissance de Jésus — si nous lui sommes unis — est nôtre. « C'est quand je suis faible que je suis fort »[26], s'écrie saint Paul.

Dès à présent, je veux vous mettre en garde contre l'écueil de l'amour sensible. Si souvent cette objection m'a été faite : « Je dis à Jésus que je l'aime, mais je ne le sens pas. Il me semble que je ne suis pas sincère ». Ne pas douter que l'on aime quand on se sent froid, sec et

25. Jn 16, 33.

26. 2 Co 12, 10.

aride, demande une grande foi, l'oubli de soi-même et une vraie notion de la sainteté.

Les plus grands saints sont passés par des nuits de l'âme, des sécheresses pénibles. Cependant, à ces heures de purification, ils aimaient.

L'amour n'est pas la piété sensible. N'oubliez jamais cette distinction. La sainteté est une disposition de l'âme, du cœur et surtout de la volonté vis-à-vis de Dieu où le sensible peut jouer un rôle, mais n'est pas nécessaire.

Petite Thérèse écrit que « la sécheresse était son pain quotidien et qu'elle était cependant la plus heureuse des créatures »[27]. Elle définissait la sainteté : « une disposition du cœur qui nous rend humbles et petits entre les bras de Dieu, conscients de notre faiblesse et confiants jusqu'à l'audace en sa bonté de Père »[28].

L'amour, c'est l'union de notre volonté à la volonté de Dieu. C'est l'abandon total entre ses mains, comme une disposition habituelle, même si l'on ne sent rien. Quand Jésus voit

27. M.A., p. 183.
28. N.V., p. 112.

dans nos cœurs cette disposition, il nous regarde comme ses enfants chéris. Un Père n'a-t-il pas toutes les indulgences pour son enfant, uniquement parce que c'est son enfant ? Il trouve des excuses à ses défauts et il admire ses moindres qualités. Ainsi Jésus avec ceux qui sont ses enfants parce qu'ils veulent sincèrement l'être.

Quoique inlassablement dans l'Evangile, il nous répète : « C'est moi ne craignez pas », il est craint : « Si je vais à lui, que va-t-il me demander ? Que va-t-il exiger de moi ? J'ai peur, je ne voudrais pas lui faire de la peine, le blesser. Quant à me livrer, c'est trop risqué... » Mais c'est cette crainte justement qui le blesse.

Sainte Thérèse d'Avila remarque que la Samaritaine, la Cananéenne, Marie Madeleine n'étaient pas mortes au monde quand elles ont trouvé Jésus.

Saint François de Sales disait : « Il faut commencer par l'amour, continuer par l'amour et finir par l'amour ».

Une religieuse lui ayant exposé son programme : « Je veux acquérir l'amour par l'humilité », il répondit : « Et moi je veux acquérir l'humilité par l'amour ».

Mon principal dessein, dans cette retraite, est de donner des réponses à vos problèmes intimes, ceux, en somme, qui vous préoccupent le plus, parfois jusqu'à l'angoisse, puisqu'il s'agit de la vie éternelle de vos âmes et que de votre sainteté dépend votre rayonnement sur le prochain et sur le monde.

Einstein a dit : « Le problème de l'heure n'est pas celui de l'énergie atomique, mais celui du cœur humain ». Problème que, seul, Jésus peut résoudre. On parle admirablement de lui, mais on ne lui parle pas à lui. Le premier dialogue doit être avec lui.

Souvent je pose la question : « Pensez-vous que vous êtes une joie pour Jésus ? » Que de fois il m'a été répondu : « Je n'y ai jamais pensé ». Ou alors on proteste en disant que penser cela, ce serait un manque d'humilité ; et de mettre en avant ses misères. De ceci, je vous parlerai longuement au cours de la retraite. Pourtant, n'est-ce pas de la plus élémentaire logique qu'un Père et son enfant soient une joie l'un pour l'autre ? « Jésus, vous êtes ma joie, et moi aussi je suis votre joie ». N'est-il pas écrit qu'« il met ses délices à être avec les enfants des hommes »[29].

Des baptisés, des confirmés, des communiants, des âmes en état de grâce, temples du Saint-Esprit, passent toute leur vie sur la terre sans avoir jamais réalisé ce cœur à cœur avec leur Père des cieux, leur Créateur et leur Sauveur, dans le bonheur d'être une joie l'un pour l'autre. La vie de la grâce n'est-elle pas le commencement de la béatitude éternelle ?

On s'examine sur ce qui vous est défendu et pas sur ce qui vous est demandé. On s'examine sur ses défauts et ses défaillances, et non sur son intimité avec Jésus. On a dit, avec raison, que les péchés par omission — que l'on pense si rarement à accuser — sont plus fréquents que les autres : omission de foi, d'espérance et de charité, omission de croire à l'Amour miséricordieux, omission d'en vivre.

Je vous le disais, nous sommes baignés dans l'Amour et la Miséricorde. Nous avons tous un Père, Frère, Ami, Epoux de nos âmes, Centre et

29. Prov 8, 31.

Roi de nos cœurs, Rédempteur et Sauveur, penché sur nous, sur notre faiblesse et notre impuissance de petits enfants avec une mansuétude indicible, veillant sur nous comme sur la prunelle de ses yeux, qui a dit : « C'est la miséricorde que je désire et non le sacrifice car je ne suis pas venu appeler les justes, mais les pécheurs »[30]. Un Jésus hanté du désir de nous sauver par tous les moyens, qui a ouvert le ciel sous nos pas. Et nous vivons, trop souvent, comme des orphelins, des délaissés, comme si c'était l'enfer qui était ouvert sous nos pas. Hommes de peu de foi !

Oh ! comme je voudrais qu'à la fin de cette instruction et plus encore à la fin de la retraite, vous puissiez vous écrier avec le psalmiste : « Seigneur, vous avez dilaté mon cœur et je cours dans la voie de vos commandements »[31].

30. Mt 9, 13.

31. Ps 119, 32.

II

LA CONFIANCE (1)

Il faut croire à l'Amour de Jésus pour vous. L'Amour appelle l'amour. Comment rendez-vous à Jésus amour pour Amour ? Avant tout et par-dessus tout par votre confiance en lui.

Dans ce mot confiance, je résume les trois vertus théologales : la foi, l'espérance et la charité, vertus souveraines qui entraînent toutes les autres après elles. Mais si ce sont les vertus les plus hautes, c'est pour les réaliser qu'il nous est demandé le plus d'héroïcité en face du mystère d'un « Dieu caché ».

Il faut être héroïque pour vivre toujours dans la foi, l'espérance et l'amour. Pourquoi encore ? Parce que, à la suite du péché originel, personne ne peut être certain, d'une certitude de foi, qu'il est justifié[1], mais seulement

1. Concile de Trente, sess. VI, ch. IX.

d'une certitude morale appuyée sur la fidélité à la grâce, et que pécheurs, nous sommes sans cesse tentés de doute et d'inquiétude.

C'est pour résoudre cette contradiction entre nos désirs et notre impuissance, qu'il est venu sur la terre, qu'il a pris sur lui nos infirmités[2].

Petite Thérèse a compris que c'est notre misère qui attire la miséricorde.

Avant elle, saint Paul s'écriait : « De grand cœur je me glorifierai de mes faiblesses pour qu'habite en moi la force du Christ »[3]. « Je puis tout en celui qui me rend fort »[4]. Oh ! profonde théologie de saint Paul ! Se glorifier de ses infirmités, se réjouir d'être faible, parce que Jésus est là.

Mais c'est la confiance, et rien que la confiance, qui vous ouvrira les bras de Jésus pour qu'il vous porte. C'est la confiance qui sera pour vous la clé d'or de son cœur.

Dans son désir d'être sainte, et se comparant aux saints, Petite Thérèse constatait qu'il y

2. Mt 8, 17.

3. 2 Co 12, 9.

4. Ph 4, 13.

avait, entre eux et elle, la même différence qu'entre une montagne dont le sommet se perd dans les cieux et le grain de sable obscur foulé aux pieds des passants. Au lieu de se décourager, elle pensa : « Le Bon Dieu ne saurait inspirer des désirs irréalisables ; je puis donc, malgré ma petitesse, aspirer à la sainteté. Me grandir, c'est impossible je dois me supporter telle que je suis avec toutes mes imperfections. Mais je veux trouver le moyen d'aller au ciel par une petite voie toute nouvelle. Nous sommes dans un siècle d'inventions, maintenant ce n'est plus la peine de gravir les marches d'un escalier ; chez les riches, un ascenseur le remplace avantageusement. Moi, je voudrais trouver aussi un ascenseur pour m'élever jusqu'à Jésus, car je suis trop petite pour monter le rude escalier de la perfection. Alors, j'ai cherché dans les livres saints l'indication de l'ascenseur, objet de mon désir et j'ai lu ces mots sortis de la bouche de la Sagesse éternelle : " Si quelqu'un est tout-petit, qu'il vienne à moi "[5]. Alors, je suis venue, devinant que j'avais trouvé ce que je cherchais et voulant sa-

5. Pr 9, 14.

voir, ô mon Dieu, ce que vous feriez au tout-petit qui répondrait à votre appel, voici ce que j'ai trouvé : " Comme une mère caresse son enfant, ainsi je vous consolerai, je vous porterai sur mon sein et vous balancerai sur mes genoux "[6]. Jamais paroles plus tendres ne sont venues réjouir mon âme. L'ascenseur qui doit m'élever jusqu'aux cieux, ce sont vos bras, ô Jésus ! Pour cela, je n'ai pas besoin de grandir, au contraire, il faut que je reste petite, que je le devienne de plus en plus. O mon Dieu, vous avez dépassé mon attente et moi je veux chanter vos miséricordes »[7].

Toute la théologie de Petite Thérèse, écho de celle de saint Paul, est résumée et mise à notre portée dans ces lignes que l'on peut méditer sans fin, sans en épuiser la richesse.

Ce que je ne peux faire, moi, Jésus le fera. Il me prendra et me montera lui-même au sommet de la montagne de l'amour.

Il est vrai qu'instinctivement, nous cherchons à gravir le rude escalier de la perfection,

6. Is 66, 13, 12.

7. M.A., p. 244.

au lieu de prendre le doux ascenseur des bras de Jésus. C'est que, si souvent, on nous a parlé de nos misères. On nous a dit, avec raison, que nous sommes misérables ; et ensuite, de Jésus, on nous a dit, oui, qu'il était bon, mais pas assez qu'il était merveilleusement bon, infiniment bon, charité infinie. On ne nous a pas dit, en insistant, qu'il était Sauveur avant d'être Juge et que, dans le Cœur de Dieu, « Justice et paix s'étaient embrassées »[8].

On nous a habitués à regarder nos ténèbres, notre laideur, et pas le Soleil purifiant, Lumière de Lumière qu'il est, lui, et qui change en or pur la poussière que nous sommes. Nous pensons à nous examiner et nous ne pensons pas, avant l'examen, pendant l'examen, et après l'examen, à nous plonger, avec toutes nos misères, dans la fournaise consumante et transformante de son Cœur que nous ouvre un seul acte d'humble confiance.

Je ne vous dis pas : « Vous croyez trop à votre misère ». Nous sommes encore bien plus misérables que nous ne le voyons. Mais je vous

8. Ps 85, 11.

dis : « Vous ne croyez pas assez à l'Amour miséricordieux ».

Il faut avoir confiance, non pas malgré nos misères, mais à cause d'elles, puisque c'est la misère qui attire la Miséricorde.

Oh ! ce mot de miséricorde *« miseris cor dare »*[9], un cœur qui se donne aux misérables, un cœur qui se nourrit des misères en les consumant. Méditez ce mot.

Saint Thomas dit que « faire miséricorde est le propre de Dieu et que c'est en cela que sa toute-puissance se manifeste au plus haut point »[10].

Petite Thérèse l'avait compris quand elle écrivait ces lignes qui terminent son manuscrit et en sont le couronnement : « Oui, je le sens, quand même j'aurais sur la conscience tous les péchés qui peuvent se commettre, j'irais, le cœur brisé de repentir, me jeter dans les bras de Jésus, car je sais combien il chérit l'enfant prodigue qui revient à lui. Ce n'est pas parce que le Bon Dieu, dans sa prévenante miséri-

9. Etymologie de saint Augustin.

10. II a II 9, 30.

corde, a préservé mon âme du péché mortel que je m'élève à lui par la confiance et l'amour »[11].

Et peu de temps avant sa mort, s'adressant à Mère Agnès : « Dites bien que si j'avais commis tous les crimes possibles, j'aurais toujours la même confiance, je sentirais que cette multitude d'offenses serait comme une goutte d'eau jetée dans un brasier ardent »[12]. Tous les crimes possibles, une multitude d'offenses, une goutte d'eau dans un immense brasier : voilà la proportion.

Et cette affirmation est d'une telle logique qu'elle est irréfutable.

Quand j'ai prêché cette doctrine de la confiance dans la misère, en m'appuyant sur Petite Thérèse, on m'a souvent, très souvent, fait cette objection : « Oui, elle a été merveilleusement confiante, mais elle a pu dire que, " depuis l'âge de trois ans, elle n'avait rien refusé au Bon Dieu "[13]. Si, moi aussi, je pouvais me rendre cette justice " de n'avoir rien refusé à

11. M.A., p. 313.

12. N.V., p. 61.

13. H.A., p. 266.

Jésus depuis mon enfance ", il me serait facile d'être confiant comme elle ».

Oui, on m'a fait cette objection et j'ai toujours compris qu'on me la fasse. Mais elle l'avait prévue et y répond dans la dernière phrase de sa grande lettre à Sœur Marie du Sacré-Cœur, monument fondamental de sa doctrine. C'est comme un testament : « O Jésus, que ne puis-je dire à touteslmes petites âmes combien ta condescendance est ineffable... Je sens que si, par impossible, tu trouvais une âme plus faible, plus petite que la mienne, tu te plairais à la combler de faveurs plus grandes encore, si elle s'abandonnait, avec une entière confiance à ta miséricorde infinie »[14].

J'imagine très bien ce qui s'est passé dans son esprit et dans son cœur. Elle qui voulait tellement attirer les petites âmes à sa suite, elle a pensé qu'elles seraient tentées de découragement en voyant combien elle avait été fidèle ; alors elle affirme que, s'il y a une âme plus misérable que la sienne, elle sera plus comblée encore qu'elle, pourvu qu'elle s'abandonne

14. M.A., p. 237.

dans une entière confiance à la miséricorde infinie. C'est juste, puisque l'Amour miséricordieux est pour les misérables.

Je veux vous faire une confidence : cette parole a eu une influence décisive sur l'orientation de ma vie intérieure.

Un jour, comprenant que je remplissais parfaitement la première partie du programme : être plus faible que sainte Thérèse, je décidais de m'appliquer de toute mon âme à remplir la deuxième : m'abandonner dans une entière confiance.

Elle connaissait la portée des mots qu'elle employait. Elle demande de s'abandonner, et je vous montrerai que l'abandon bien compris est le plus grand de tous les renoncements. Et elle demande plus qu'une immense confiance, plus qu'une folle confiance : une entière confiance, c'est-à-dire une confiance aussi grande que sa faiblesse, aussi grande que sa misère.

Evidemment, quand on se voit si indigne, si lâche, tombant à chaque instant, comment ne pas être tenté contre la confiance ? La question se pose : « Est-ce que l'Amour de Jésus, son Amour miséricordieux est tellement grand ? Est-il si grand que cela ? » Son Amour miséricordieux est sans limites, sa miséricorde est infinie.

Voilà pourquoi vous pouvez et vous devez vivre cette doctrine qui ouvre aux plus misérables le Royaume des Cieux et aux plus pauvres, le chemin de la sainteté. J'insiste beaucoup sur ce point car je sais que la considération de ses misères est une objection qui revient sans cesse, dans notre lutte quotidienne pour avancer dans la perfection.

Et plus que saint Paul, et plus que Petite Thérèse, c'est l'Evangile qui nous prêche cette doctrine de salut. L'Evangile où l'on voit que Jésus nous demande, avant tout et par-dessus tout l'humilité et la confiance.

Voyez l'enfant prodigue. Il quitte la maison paternelle. Il se montre d'une affreuse ingratitude envers son père si bon ; il demande sa part d'héritage pour aller jouir, loin de lui. Bientôt, il se trouve dans un dénuement total qui le fait réfléchir ; et, au fond de son abjection, il a la grâce de se rappeler la bonté de son père. « Je me lèverai et j'irai à mon Père » : voilà la confiance.

Mais, humblement, il se reconnaît pécheur : « Je lui dirai : mon père, j'ai péché contre le ciel et contre toi, je ne suis plus digne d'être appelé ton fils. Traite-moi comme un de tes mercenaires »[15]. Vous savez comment le père le reçut, non pas comme le mercenaire, mais comme l'enfant bien-aimé. L'apercevant de loin, il court au-devant de lui, saisi de compassion, se jette à son cou, le serre sur son cœur en l'embrassant, appelle ses serviteurs : « Vite, vite, apportez la plus belle robe, passez-lui un anneau au doigt et des chaussures aux pieds. Amenez le veau gras, mangeons et festoyons ». Et ce sont les danses, la musique. Ces détails si parlants, où se complaît le récit évangélique, révèlent un père exultant de bonheur. Et pourquoi ? Il le dit et le redira au frère aîné jaloux : « Mon fils que voilà était mort et il est revenu à la vie ; il était perdu et il est retrouvé ».

Oh ! ce désir, ce besoin du Père des miséricordes de retrouver son enfant perdu, de lui rendre la vie ! Voilà le Cœur de Dieu !

15. Lc 15, 18.

Pensez que, chaque fois que vous vous relevez après une chute, c'est la fête de l'enfant prodigue qui se renouvelle. Votre Père des cieux vous revêt de la plus belle robe, vous passe l'anneau au doigt, vous demande de danser de joie. Dans une foi vivante, vous n'irez pas au confessionnal en vous traînant, mais comme à une fête, même si vous sentez chaque fois le grand effort à faire pour vous humilier et pour vaincre la monotonie de la routine.

Après le pardon, on devrait danser comme l'enfant prodigue le fit à la demande et pour la joie de son père. On ne danse pas assez dans la vie spirituelle.

Cette merveilleuse parabole nous donne une leçon primordiale quant à l'éducation. Parents, éducateurs, éducatrices, faites saisir aux enfants qui vous sont confiés cette miséricorde divine, en y croyant et en la pratiquant vous-mêmes. C'est cette foi qui les empêchera de tomber et s'ils tombent, ils se relèveront, ils reviendront parce que vous leur aurez fait connaître la douceur de Dieu. Ils diront : « Je sais combien Dieu est bon. Je sais à quoi m'en tenir sur sa miséricorde. Du fond de mon péché, je me relèverai et j'irai à mon père ».

Heureux parents qui auront montré ce chemin à leurs enfants, sans faiblesse ni compromission, mais avec une bonté si semblable à celle de Dieu que, dans leurs pires difficultés, ils puissent dire humblement avec une immense confiance : « Je me lèverai et j'irai à mon père ; je me lèverai et j'irai à ma mère, et par eux, j'irai à mon Père des cieux ». Que de jeunes gens ont perdu la foi, non pas pour être tombés, mais pour n'avoir pas été aidés avec amour à se relever autant de fois que nécessaire.

Le bon larron nous prêche, lui aussi, l'humilité et la confiance.

Toute une vie de crimes, toute une vie de péché ; quelques minutes avant de mourir, une parole d'humilité et une parole de confiance, et le voilà sauvé.

De même que l'enfant prodigue s'était reconnu coupable, le bon larron, s'adressant à son compagnon s'écrie : « Pour nous, c'est justice, nous avons ce que nous méritons ». Puis il plonge ses yeux dans les yeux de Jésus, il y lit qui il était : le doux Sauveur. « Jésus, souviens-toi de moi quand tu viendras dans ton Royaume »[16].

Et c'est la réponse ineffable : « En vérité, dès aujourd'hui tu seras avec moi dans le Paradis ». Pour toi, pas d'enfer, pas une seconde de purgatoire. Ce regard confiant que tu as jeté sur moi, cette rencontre de nos regards, dans ma miséricorde et dans ta foi, t'a purifié en un instant et nous a rendus inséparables. Te voilà tout pur, te voilà déjà au ciel. Toute une vie de péché, un regard humble et confiant vers le crucifié, et voici le premier saint canonisé, et canonisé par Jésus lui-même. Un larron, voleur du ciel !

Quand vous vous voyez misérables après une infidélité, une défaillance qui vous a humiliés, si vous jetez un regard vers Jésus, le regard du bon larron, croyez-vous que vous ne serez pas purifiés en un moment, en une seconde, comme lui et plus que lui, vous qui faites des retraites pour l'aimer plus ? A condition que vous ayez l'humilité et la confiance et le désir du ciel du bon larron.

16. Lc 23, 40.

Jésus n'a besoin que de votre humilité et de votre confiance pour faire en vous des merveilles de purification, des merveilles de sanctification. Et votre confiance sera en proportion de votre humilité parce que c'est dans la mesure où l'on sent le besoin de Jésus que l'on a recours à lui, et l'on sent ce besoin dans la mesure où l'on réalise justement son indignité.

La Cananéenne - C'était une païenne, une étrangère. Elle demande à Jésus de guérir sa fille possédée par un démon. Jésus lui laisse entendre qu'étant venu pour les brebis perdues d'Israël, il n'avait rien à faire avec elle. Humble, elle accepte ce qui était la vérité, mais confiante, elle insiste : « Seigneur, viens à mon secours ». Et Jésus se montre encore plus dur, apparemment. Souvent il agit ainsi avec les âmes qu'il veut faire monter très haut dans son Amour, afin d'éprouver leur foi. Il lui répond : « Le pain des enfants n'est pas pour être jeté aux petits chiens ». La Cananéenne trouve alors, dans son humble confiance, cette réponse exquise d'à-propos : « C'est vrai, Seigneur, mais les petits chiens mangent les miettes qui tombent de la table de leurs maîtres ».

Elle ne demande qu'une miette au banquet de l'Amour miséricordieux ! Jésus est vaincu. « Femme que ta foi est grande, qu'il te soit fait comme tu veux » : *Fiat tibi sicut vis*[17]. « Tu m'as volé mon Cœur, tu m'as volé ma volonté par ta foi pleine d'amour, je ne peux rien te refuser ».

Est-ce trop dire, après cela, que les âmes confiantes volent à Dieu sa toute-puissance ?

Vous qui n'êtes pas des étrangers, vous qui n'êtes pas des petits chiens sous la table, mais les enfants de la maison par votre baptême, vous pouvez, vous devez aller à Jésus avec plus d'assurance encore que la Cananéenne, en reconnaissant que vous ne méritez rien, mais que vous attendez tout d'une miséricorde toute gratuite et infinie.

Le centurion - Toujours la même chose : humilité et confiance : « Seigneur, je ne suis pas digne, mais dis seulement une parole et mon serviteur sera guéri ». Et il explique : « J'ai sous moi des soldats, je dis à l'un : Va ! et

17. Mt 15, 28.

il va ; et à un autre : Viens ! et il vient, et à mon serviteur : Fais ceci ! et il le fait »[18].

Jésus fut dans l'admiration d'une telle logique : « En vérité, chez personne je n'ai trouvé pareille foi en Israël »... « Va, qu'il te soit fait comme tu as cru ».

Après le centurion, dites, vous aussi : « Je ne suis pas digne de vous recevoir, je ne mérite rien, je suis un abîme de faiblesse et de lâcheté ; je prends des résolutions et je ne les tiens pas, je retombe sans cesse, mais Jésus, dites seulement un mot et mon âme sera guérie. Vous n'avez qu'un mot à dire, et même pas ».

Jésus fut tellement ravi par cette parole qu'il a voulu que, fixée dans la liturgie de la messe, elle soit à jamais la plus parfaite préparation à la communion.

Je vois le centurion dans le ciel, jouissant de la gloire et de la béatitude indicibles d'entendre cette parole sortie de son cœur, répétée, au moment de recevoir Jésus-Hostie, par tous les prêtres et tous les communiants, jusqu'à la fin des temps à toutes les messes qui ont été et se-

18. Mt 8, 8.

ront célébrées dans le monde entier. Quel ciel pour lui ! Quelle gloire ! Pourquoi ? Il s'est reconnu indigne et il a cru.

Quand Jésus éprouvera votre foi, trouvez comme la cananéenne et le centurion, ces réparties que la Sagesse éternelle inspire aux petits[19], et il sera rempli d'admiration[20] pour vous aussi et vous comblera de ses grâces.

De quoi se plaint-il le plus auprès de ses apôtres ? De leur manque de confiance. « Hommes de peu de foi ». C'est le principal reproche qu'il leur fait. Il ne leur dit pas : « Hommes sans caractère, hommes sans énergie, hommes immortifiés », non « hommes de peu de foi ».

Jésus traversait le lac de Tibériade dans une barque avec ses disciples. Il dormait à la poupe. Et voici qu'il se produisit un grand tourbillon de vent et les vagues se jetaient dans la barque de sorte qu'elle était déjà remplie. Pris d'angoisse, les disciples réveillent Jésus : « Seigneur, sauvez-nous, nous péris-

19. Cf. Pr 1, 4.
20. Cf. Mt 8, 10.

sons ! » Se levant, il réprimanda le vent et dit à la mer : « Silence ! Tais-toi ! » « Et le vent s'abattit et il se fit un grand calme ». Puis se tournant vers ses apôtres : « Où est votre foi ? »[21]. J'entends Jésus les gronder avec douceur, mais avec peine aussi : « Comment, j'étais là dans la barque avec vous, je dormais, mais j'étais là, et vous avez eu peur, vous avez craint. Vous avez douté, ou bien de ma toute-puissance, ou bien de mon amour. Vous ne savez donc pas qui je suis et vous ne savez donc pas avec quelle tendresse mon Cœur veille sans cesse sur vous ? » C'est bien un tel doute qui le peine et l'offense le plus.

Mais, voyez, nous avons tellement perdu cette notion de l'entière confiance qu'il attend de nous, que nous faisons parfois une prière, d'une parole qu'il a reprochée à ses apôtres : « Seigneur, sauvez-nous, nous périssons ! »

Ce n'est pas ainsi qu'il faut prier, mais dire : « Avec vous, Jésus, je ne peux pas périr ; vous êtes toujours dans la barque avec moi, que puis-je craindre ? Vous pouvez dormir, je ne

21. Mc 4, 40.

vous éveillerai pas. Ma pauvre nature pourra frémir – oh ! oui ! – mais de toute ma volonté, je resterai en paix au milieu de la tempête, sûr de vous ».

Aux heures d'angoisse, pensez au divin Maître apaisant d'un mot l'ouragan déchaîné. Ce sera pour vous un immense réconfort, attendant – en paix – qu'il s'éveille.

Mais la grande tempête, c'est celle que soulèvent nos péchés dans nos âmes. C'est là que Jésus doit se lever pour « qu'il se fasse un grand calme ».

Ecoutez Petite Thérèse dans l'apologie du faible petit oiseau qui, n'ayant pas les ailes de l'aigle pour planer dans les hauteurs, du moins en aura les yeux et le cœur pour fixer le soleil de l'Amour : « Avec un audacieux abandon, il veut rester à fixer son divin soleil : rien ne saurait l'effrayer, ni le vent ni la pluie, et si de sombres nuages viennent à cacher l'astre d'amour, le faible oiseau ne change pas de place, il sait que, par-delà les nuages, son soleil brille toujours »[22].

22. M.A., p. 233.

« Je ne suis pas toujours fidèle, mais je ne me décourage jamais. Je m'abandonne dans les bras de Jésus et là je retrouve tout ce que j'ai perdu et bien plus encore »[23]. « Depuis qu'il m'a été donné de comprendre l'Amour du Cœur de Jésus, j'avoue qu'il a chassé de mon cœur toute crainte. Le souvenir de mes fautes m'humilie, me porte à ne jamais m'appuyer sur ma force qui n'est que faiblesse. Mais plus encore ce souvenir me parle de miséricorde et d'amour. Comment lorsqu'on jette ses fautes, avec une confiance toute filiale dans le brasier dévorant de l'Amour, comment ne seraient-elles pas consumées sans retour ? »[24].

Nous sommes ici à un point essentiel de la « petite voie ».

Et c'est qu'une âme qui est dans la disposition de faire en tout plaisir à Jésus, qui lui a tout remis en lui remettant librement sa volonté — et ces âmes sont bien plus nombreuses qu'on ne le pense — une âme qui a fait l'acte d'offrande comme victime à l'Amour miséri-

23. Lettre, 18 juillet 1893.

24. Lettre, 21 juin 1897.

cordieux (dont je vous reparlerai), acte que sont appelées à faire les âmes les plus faibles parce que « plus propres aux opérations de l'Amour consumant et transformant »[25], une telle âme, dans sa soif de pureté peut penser qu'elle est sans cesse purifiée dans le feu de l'Amour.

« Ah ! depuis cet heureux jour (de son offrande) il me semble, s'écrie Petite Thérèse, qu'à chaque instant cet Amour miséricordieux me renouvelle, purifie mon âme et n'y laisse aucune trace de péché »[26].

Elle se voit pure, non par elle-même — personne n'est confirmé en grâce — mais pure parce que purifiée, renouvelée et régénérée dans le feu de la miséricorde auquel elle s'est livrée.

Deux mois avant sa mort, comme on lui disait : « Vous êtes une sainte », elle répondit montrant le sommet des arbres du jardin dorés par le soleil couchant : « Mon âme vous apparaît toute brillante et dorée parce qu'elle est

25. Lettre, 17 septembre 1896.

26. M.A., p. 211.

exposée aux rayons de l'Amour. Si le soleil divin ne m'envoyait plus ses feux, je deviendrais aussitôt obscure et ténébreuse »[27].

Ainsi l'âme qui souffre de se voir ternie par ses défaillances et ses chutes et qui s'expose aux rayons du divin Soleil transformant, peut dire à Jésus : « Jésus, je viens à vous toute belle, belle comme le soleil que vous êtes ; pure de votre pureté à vous, belle de votre beauté à vous, riche de vos trésors à vous ». C'est là la *copiosa redemptio*[28].

Voyez quelle vie d'amour s'établit entre Jésus et nous dans une telle forme d'union. J'ai sans cesse besoin d'avoir recours à lui, mais il est toujours là et ce besoin que j'ai de lui est toujours contenté. Jésus nous purifie à chaque instant, mais il faut que nous le désirions d'un immense désir et que nous le croyions.

Aux malades qui demandaient leur guérison sur les routes de Palestine, il ne posait qu'une seule question : « Crois-tu que je puisse te guérir ? — Oui, Seigneur ! — Qu'il te soit fait

27. N.V., p. 93.

28. Ps 130, 7.

comme tu as cru »[29]. Il vous dit maintenant : « Crois-tu que je puisse te purifier en un moment, effacer de ton âme toute trace de péché ? — Oui, Seigneur, je le crois — C'est fait parce que tu le crois, parce que tu n'en doutes pas, parce que tu sais à quoi t'en tenir sur ma miséricorde infinie, parce que tu te rappelles comment j'ai traité l'enfant prodigue, le bon larron, la cananéenne, vaincus par leur humilité et leur confiance ».

Sainte Marguerite-Marie entendait Jésus lui dire : « Crois-tu que je puisse le faire ? Si tu le crois, tu verras la puissance de mon Cœur dans la magnificence de mon Amour ».

Une misère morale est un mal beaucoup plus grand qu'une maladie. Je désire bien davantage être purifié que l'aveugle n'a le désir de voir ou le paralytique de marcher. Il faut avoir ce désir sincère, mais vous l'avez, sinon vous ne seriez pas ici.

Nous touchons là au fond de la vie intérieure, au fond de la Rédemption, au fond de l'Evangile. Vivez cette foi, cette espérance et

29. Mt 9, 28.

cet amour. Vivez les vertus théologales, ainsi appelées parce que ce sont elles qui nous relient à Dieu et nous unissent à lui. Vivez cette humble confiance et « tout le reste vous sera donné par surcroît »[30]. C'est elle qui unit intimement l'âme à Jésus, qui fait le cœur à cœur avec lui, qui rattache le rameau à la vigne qu'il est, lui.

« Si quelqu'un a soif, – et surtout soif de pureté et d'amour – qu'il vienne à moi et qu'il boive... Celui qui croit en moi, de son sein jailliront les fleuves d'eau vive »[31].

On comprend que les âmes ainsi assoiffées recourent avec ferveur au sacrement de pénitence, source merveilleuse d'humilité, moyen de mieux connaître ses fautes et de s'en repentir dans la joie surnaturelle de les avouer, malgré les répugnances de la nature, occasion de renouveler de tout son cœur le ferme propos de se corriger et surtout occasion de se plonger, une fois de plus, comme l'enfant prodigue, dans le brasier de la miséricorde. Même si elles

30. Mt 6, 33.

31. Jn 7, 37-38.

pensent que leurs communions, les sacramentaux, leurs actes d'amour confiants les ont déjà purifiées, elles iront fidèlement recevoir avec l'absolution, une purification toute spéciale parce que sacramentelle, une nouvelle effusion sur elles du sang de Jésus, leur unique espérance, sans oublier que le recours est de toute façon nécessaire pour les fautes graves.

Je pense que vous êtes comme moi, mais moi, j'ai besoin d'être heureux, j'ai besoin de vivre d'amour, j'ai besoin d'être en fête, j'ai besoin de chanter et pour tout cela à quoi mon être aspire, j'ai besoin de me savoir pardonné.

Les psychiatres attribuent à la souffrance causée par le sentiment de culpabilité la plupart des névroses, des déséquilibres mentaux, si nombreux aujourd'hui. Le remède des incroyants à cela, c'est de supprimer la notion du péché, de faire perdre aux hommes le sens du péché. Remède radical évidemment. Mais ils n'y réussissent pas. La conscience est toujours là. On arrive à l'étouffer en partie et temporairement, mais on ne la tue pas, pas plus qu'on ne tue Dieu.

Non, le remède, c'est la paix que Jésus met

en nous, dans la certitude que nous sommes pardonnés parce que nous sommes aimés.

Saint Jean l'affirme : « Si nous disons que nous n'avons pas péché, nous mentons. Si nous confessons nos péchés et que nous marchons dans la lumière, le sang de Jésus nous purifie de tout péché »[32].

Notre amour pour Dieu est un amour d'amitié, un amour reçu et un amour rendu.

Comme dans l'amitié il faut une certaine égalité entre les deux amis, Dieu s'est fait homme, il s'est abaissé jusqu'à nous, il s'est fait semblable à nous ; et, d'autre part, par la grâce sanctifiante, il nous a élevés jusqu'à lui.

Ainsi nous pouvons réaliser avec lui cette vie d'amitié dont parle, avec une admirable pénétration, saint Thomas. « Dans l'amour d'amitié, celui qui aime est dans son ami par le fait qu'il fait siens les biens et les maux mêmes de son ami. Aussi est-ce le propre des amis de vouloir les mêmes choses ».

Ce qui fait l'amitié, c'est donc la confiance mutuelle, dans un même vouloir.

32. 1 Jn 1, 7-9.

Jésus a un cœur comme le nôtre. Il l'a pris pour pouvoir nous aimer comme nous l'aimerions. Voilà pourquoi un péché de défiance l'offense et le peine plus que cent péchés de faiblesse.

J'ai souvent remarqué que pour récompenser un acte de confiance, Jésus vous met dans l'occasion de faire un acte de confiance plus grand encore. Rappelez-vous la scène du lac. Les apôtres étaient dans la barque qui était battue par les vagues car le vent était contraire. A la quatrième veille de la nuit, Jésus vint vers eux en marchant sur la mer. Les disciples le prirent pour un fantôme et poussèrent des cris de frayeur. Aussitôt, Jésus dit : « Prenez confiance, c'est moi, ne craignez pas ». Pierre dit : « Seigneur, si c'est vous, ordonnez que j'aille vers vous sur les eaux ». « Viens », dit Jésus. Pierre s'élance sur les eaux, mais voyant la violence du vent, il eut peur et comme il commençait à s'enfoncer, il s'écria : « Seigneur, sauvez-moi ». Jésus alors étend la main, le saisit et lui dit : « Homme de peu de foi, pourquoi as-tu douté ? »

Pierre avait fait un bel acte de confiance en s'élançant sur la mer. Pour le récompenser, Jésus lui donne l'occasion de faire un acte de confiance plus grand encore en permettant qu'il s'enfonce dans les eaux. Pierre fit le premier acte de confiance, mais pas le second, hélas !

Marthe et Marie montrèrent d'une façon exquise leur confiance en Jésus au chevet de Lazare mourant, en lui adressant cette prière d'une merveilleuse délicatesse qui prouvait comme elles connaissaient son Cœur, sa compassion, son amitié pour Lazare : « Seigneur, celui que vous aimez est malade ! » Oh ! que Jésus dut être touché d'une telle prière. Pour récompenser Marthe et Marie de la délicatesse de leur confiance, il permet que Lazare meure, leur donnant l'occasion d'une confiance mille fois plus grande : un acte de foi en sa toute-puissance. Jésus ressuscitera Lazare, mais il lui faut, comme toujours, un acte de foi.

Jésus rappelle à Marthe qui il est : « Je suis la Résurrection et la Vie. Celui qui croit en moi ne mourra jamais. Le croyez-vous ? » Voilà la grande question, la condition du miracle...

« Crois-tu que je puisse le faire, crois-tu que je vais le faire, que je vais ressusciter ton frère ? » Marthe fait l'acte de foi : « Oui, Seigneur... Je crois que vous êtes le Christ, le Fils du Dieu vivant ». Elle lui avait déjà dit : « Je sais que tout ce que vous demanderez à Dieu, Dieu vous l'accordera ».

Ainsi fait Jésus avec ceux qu'il aime. Il n'exauce pas une première prière, il permet un échec plus grand. Et nous voilà désolés : « J'ai prié et je n'ai pas été exaucé, tout est perdu, tout est fini, Dieu ne m'écoute pas, il ne m'aime pas ». Parce que Dieu vous aime, il veut voir jusqu'où vous pousserez votre confiance. Il veut pouvoir dire comme à la cananéenne : « Que ta foi est grande ».

Ne faites pas comme Pierre s'enfonçant dans les eaux, mais faites comme Marthe et Marie devant le tombeau de Lazare. Confiance jusqu'à la mort. Croire, croire à la toute-puissance divine, croire à l'Amour. « Seigneur, augmentez ma foi ! »

La preuve la plus haute et la plus complète de l'amour, c'est de se livrer tout entier en donnant toute sa confiance à celui qu'on aime.

Soyez avec Jésus comme un ami avec son ami, très aimant et très aimé. Apportez-lui vos faiblesses et vos défaillances, comme vous lui apportez vos actes de générosité. Les actes de générosité sont pour le Juge si bon ; les faiblesses et les défaillances, pour le Sauveur. Et tout est pour l'Ami. « Je ne vous appelle plus mes serviteurs, mais mes amis »[33].

Confiance, confiance sans limite, pleine, filiale, entière, universelle. Voilà ce que je veux que vous emportiez de cette retraite. C'est cette confiance qui fait tous les miracles.

On fait revivre les âmes en leur donnant ce secret du ciel. Quand elles ont compris, elles prennent leur vol, elles planent, la générosité leur devient un besoin. Et cela dans une simplicité qui enlève tout danger de présomption et d'orgueil.

Il faut bien l'avouer, nous sommes tous des abîmes de misère, de péché, depuis le péché originel. Et pourtant, Jésus veut que nous soyons heureux. Il veut « que notre joie soit parfaite »[34]. Le bonheur qui s'opppose à la

33. Jn 15, 15.

34. Jn 16, 24.

souffrance de se voir si peccamineux, c'est la paix, sa paix. Cette paix, Jésus nous la donnera dans la mesure de notre confiance en lui, dans la mesure où l'on ne doutera pas que lui nous sauve, lui nous purifie, lui nous fait beau, lui nous dit : « Tu es au paradis avec moi aujourd'hui même ». Commence ton paradis avec moi tout de suite parce que tu as su comprendre que je suis le Sauveur et que je suis venu sur la terre pour donner aux hommes la paix de mon Cœur, le ciel de mon Cœur ici-bas. « Paix aux hommes de bonne volonté »[35]. « Je vous donne ma paix, je vous laisse ma paix »[36].

C'est un tel bonheur pour Jésus de voir que l'on profite pleinement de sa Rédemption et du prix de son sang, car enfin, s'il est descendu du ciel, s'il a fait toutes ces folies d'Amour de l'Incarnation au Calvaire et à l'Eucharistie, c'est pourquoi ? Pour nous rendre heureux en nous donnant « le centuple, dès ici-bas, et la

35. Lc 2, 14, « par la bienveillance divine ».

36. Jn 14, 27.

possession de la vie éternelle »[37]. « Voici ton Roi qui vient à toi plein de mansuétude »[38].

Est-ce là une spiritualité inaccessible ? Ce n'est que l'Evangile et l'Evangile est pour tous.

Terminons par l'admirable exhortation de saint Paul aux Philippiens où l'on trouve la joie, la charité, la confiance, la prière, l'action de grâce, la merveilleuse paix qui surpasse tout sentiment, dans le Christ Jésus.

« Réjouissez-vous sans cesse dans le Seigneur, je le dis encore, réjouissez-vous. Que votre bienveillance soit connue de tous les hommes. Le Seigneur est proche. N'entretenez aucun souci ; mais en tout besoin recourez à l'oraison et à la prière, pénétrés d'action de grâce, pour présenter vos requêtes à Dieu. Alors la paix de Dieu, qui surpasse tout sentiment, prendra sous sa garde vos cœurs et vos pensées, dans le Christ Jésus »[39].

37. Mt 19, 29.

38. Mt 21, 5.

39. Ph 4, 4.

III

LA CONFIANCE (2)

Saint Paul écrivait à Timothée : « Je rends grâce à celui qui m'a fortifié, à Jésus-Christ Notre-Seigneur, parce qu'il m'a jugé assez fidèle pour m'appeler à son service, moi qui étais auparavant un blasphémateur, un persécuteur, mais j'ai obtenu miséricorde parce que j'agissais par ignorance, étranger à la foi, et la grâce de Notre-Seigneur a surabondé en moi avec la foi et la dilection qui est dans le Christ Jésus.

« C'est une parole certaine et digne de foi que le Christ Jésus est venu dans le monde pour sauver les pécheurs, dont je suis, moi, le premier. Et, s'il m'a été fait miséricorde, c'est pour qu'en moi, le premier, Jésus-Christ manifestât toute sa patience, afin que je servisse d'exemple à ceux qui, à l'avenir, croiront en lui pour avoir la vie éternelle. Au Roi des siècles immortel, invisible, seul Dieu, honneur et gloire dans les siècles des siècles. Amen »[1].

Merveilleux saint Paul, vase d'élection. Comme il a connu la miséricorde et la dilection du Bien-Aimé !

Il a été comblé pour nous servir d'exemple dans la voie de la confiance sans limites en la miséricorde divine. Vous voyez que nous sommes à bonne école.

« Pour moi, s'écrie le bienheureux Claude de La Colombière, je vous glorifierai en faisant connaître combien vous êtes bon envers les pécheurs et que votre Miséricorde est au-dessus de toute malice, que rien n'est capable de l'épuiser, que nulle rechute, quelque honteuse qu'elle soit et quelque criminelle qu'elle puisse être, ne doit porter un pécheur au désespoir du pardon... C'est en vain que votre ennemi et le mien me tend tous les jours de nouveaux pièges. Il me fera tout perdre plutôt que l'espérance que j'ai en votre miséricorde... »

Et voici un côté assez méconnu du saint Curé d'Ars, parlant de la miséricorde :

1. 1 Tm 1, 12 à 17.

« — Le plus grand plaisir de Dieu est de nous pardonner.

— Le Bon Dieu aura plutôt pardonné à un pécheur repentant qu'une mère n'aura retiré du feu son enfant.

— Dans le sacrement de pénitence, il nous fait part de sa Miséricorde jusqu'à l'infini.

— Nos fautes sont des grains de sable à côté de la grande montagne des miséricordes de Dieu.

— Le Bon Dieu, au moment de l'absolution, jette nos péchés par-derrière ses épaules. Il les oublie, il les anéantit ; ils ne reparaîtront jamais »[2].

Voyez comme les saints vont jusqu'au bout de leur pensée. Le Curé d'Ars : « Nos péchés, des grains de sable à côté de la grande montagne des miséricordes de Dieu ». Sainte Thérèse de l'Enfant-Jésus : « Tous les crimes possibles, une goutte d'eau jetée dans un brasier ardent ».

On a constaté que le Curé d'Ars avait copié, dans divers auteurs, une partie de ses sermons.

2. Abbé Nodet, J.-M. Vianney, p. 132 (Ed. Xavier Mappus).

Mais une phrase, jaillie du cœur, ajoutée là, un mot retranché ici, dans l'ouvrage d'un autre, peuvent suffire pour y projeter une lumière toute nouvelle, un feu inattendu, venant de l'Esprit-Saint. C'est l'apanage des saints, éclairés, inspirés par l'Esprit de Dieu, de mettre toute leur âme dans ce qu'ils affirment. « Je jette mon âme dans leurs âmes », disait le saint Curé.

On reproche quelquefois à cette spiritualité de l'Amour confiant ceci : il y aurait danger de présomption et de laisser-aller. Vous verrez, quand je vous parlerai de l'abandon et de l'obéissance, comment l'abandon et l'obéissance écartent cet écueil. Je pense au contraire que, dans la méthode qui diminue la part de la confiance, en mettant tout l'accent sur l'effort personnel contrôlé par de nombreux examens, il y a double danger : si on réussit, danger d'orgueil, en s'attribuant à soi-même ce qui est l'œuvre de la grâce ; d'autre part, si on ne voit pas ses progrès, neuf fois sur dix, on tombe dans l'affreux, dans le stérile découragement.

D'ailleurs, si nous vivons ainsi, unis à Jésus par les vertus théologales, lui-même veille sur notre fidélité et notre générosité.

Le cardinal Bourne disait : « Sainte Thérèse de l'Enfant-Jésus a supprimé de la vie spirituelle les mathématiques et rendu à l'Esprit-Saint un rôle souvent usurpé par les directeurs de conscience ».

Mais pour vivre à fond cette doctrine si sûre, il faut être bien convaincu. Il n'est pas aisé de remonter la pente que nous a fait dévaler le jansénisme, dont nous sommes tous plus ou moins atteints.

Il y a quelque chose d'étrange : même les plus belles âmes, qui brûlent d'être dans le cœur de Jésus, ne veulent pas croire que la confiance est la clef qui leur en ouvrira la porte, parce que cette porte est une plaie d'amour. Elles cherchent d'autres voies, comme si celle-ci était trop belle pour être sûre. Que de fois l'on m'a dit : « C'est trop beau pour être vrai ». Et je réponds : « Jésus a acheté assez cher, au prix de tout son sang, le droit de nous apporter sur la terre quelque chose de trop beau ».

Alors quoi ? Il m'appelle tel que je suis ? Je peux aller à lui avec toutes mes misères, mes faiblesses ? Il réparera ce que j'aurai mal fait ?

Il suppléera à toutes mes indigences ? Oui, pourvu que vous alliez à lui, que vous comptiez sur lui, que vous attendiez tout de lui, que vous disiez avec saint Paul : *Omnia possum*[3]. Je peux tout en celui qui est ma seule force et ma seule vertu.

Une belle prière à faire jaillir de son cœur le long des jours : « Jésus, réparez ce que j'ai mal fait, suppléez à ce que je n'ai pas fait ».

Ou une façon plus belle encore de prier : « Jésus, je sais que vous réparez en moi, que vous suppléez pour moi, je sais que vous tirez le bien du mal que je fais, et même, saint Augustin le dit, un plus grand bien que s'il n'y avait pas eu de mal ». N'est-ce pas adorable ? J'ai un Jésus qui fait tout cela en moi et pour moi.

Et je suis sûr, oh ! oui, qu'il ne me dira pas un jour, qu'il ne me dira jamais : « Tu as trop espéré de moi ». Non ! je n'imagine pas Jésus me disant cela.

Voyez la nuance que je mets dans la façon de prier. C'est bien de dire : « Jésus, réparez,

3. Ph 4, 13.

suppléez ». C'est mieux de dire : « Jésus, je sais, je suis sûr que vous le faites. Je m'unis à ce que vous faites en moi sans cesse. Je m'unis aux merveilles que vous accomplissez dans mon âme sans que je m'en aperçoive. Vous me le cachez par sagesse, pour me maintenir dans la petitesse, dans une juste défiance de moi et pour me garder tout le mérite de la foi, mais je n'en doute pas ».

Jésus n'a-t-il pas dit : « Tout ce que vous demanderez en priant, croyez que vous l'avez déjà reçu et cela vous est accordé »[4].

Voyez jusqu'où il veut que nous poussions notre confiance : « Croyez que vous l'avez déjà reçu ».

Pourquoi cite-t-on toujours les passages de saint Matthieu et de saint Luc : « Demandez et vous recevrez »[5], et si rarement ce texte de saint Marc, tellement plus fort, tellement plus révélateur de la puissance de la foi, et plus conforme à la munificence divine ?

4. Mc 11, 24.

5. Mt 7, 7 ; Lc 11, 9.

De plus, il faut vivre un amour actuel. Trop souvent, on fait de notre vie d'amour avec Dieu en nous quelque chose à réaliser dans l'avenir, un jour, quand on aura fait suffisamment de progrès pour cela... Le « suffisamment » me fait sourire car, enfin, comment établir cette suffisance ?

Non ! tout de suite, dans la minute présente, je dis à Jésus que je sais qu'il m'aime et que je l'aime. Ses bras, son Cœur sont toujours ouverts et c'est dans l'instant même que je peux m'y réfugier, puisque ma misère, loin d'être un obstacle est un tremplin pour m'y jeter.

Que penserait un mari qui, demandant à sa femme : « M'aimes-tu ? », entendrait cette réponse : « J'ai un grand désir de t'aimer, je vais y travailler, j'espère y arriver un jour à force d'efforts et de générosité dans le sacrifice ». Vous souriez et vous avez raison. Or, n'est-ce pas la disposition d'esprit de beaucoup d'âmes excellentes vis-à-vis de Jésus ?

Faites plutôt l'admirable réponse de saint Pierre : « Seigneur, vous savez tout, vous savez bien que je vous aime »[6]. « Malgré les apparen-

6. Jn 21, 17.

ces, malgré ma froideur et mon indignité, vous savez bien, que je vous aime, vous le savez mieux que moi et je ne veux pas attendre à demain pour vous le dire, parce que l'amour n'attend pas ».

Convaincu de cela, ne jamais se décourager. En se voyant si faible, si impuissant, retombant toujours dans les mêmes fautes, nous sommes tentés de nous dire : « Ce n'est pas possible que Jésus ne se lasse pas ».

Tous, nous avons eu cette tentation, un jour ou l'autre. « Je lui ai tant promis, j'ai pris tant de résolutions et toujours je retombe, c'est impossible qu'il ne se lasse pas ». C'est une sorte de blasphème de dire cela, parce que c'est mettre des limites à une Miséricorde qui n'en a pas. C'est douter de la patience, de l'indulgence, de la mansuétude inlassables de Jésus. Ce n'est pas lui qui se lasse, c'est nous qui nous lassons de regarder notre laideur.

A Pontmain, les enfants épelaient, lettre par lettre, ce qu'ils voyaient s'écrire dans le ciel, sous les pieds de la Sainte Vierge. Au mot « laisse », les grandes personnes qui ne voyaient rien leur dirent : « Vous devez vous tromper, ce doit être " Mon Fils se lasse " et non " Mon Fils se laisse " ».

Mais au lieu de « Mon Fils se lasse », c'était, oh ! douceur divine : « Mon Fils se laisse toucher ».

Pourquoi cette tendance foncière, ce premier mouvement en nous, de penser que Jésus est mécontent. Oh ! que je voudrais changer pour vous cette atmosphère de méfiance et vous mettre à jamais dans une atmosphère d'amitié avec votre ami Jésus, Sauveur tout-puissant, venu pour les enfants perdus que nous sommes, perdus, mais retrouvés comme l'enfant prodigue, atmosphère d'espérance, atmosphère familiale dans la confiance mutuelle du Père et de l'enfant, et qui vous fait goûter sur la terre un bonheur déjà céleste.

Est-ce que la vie de la grâce n'est pas la vie de gloire commencée ? Saint Paul ne dit-il pas : « Pour nous, notre cité, se trouve dans les cieux »[7]. Et saint Jean : « L'amour met la crainte à la porte »[8].

7. Ph 3, 20.

8. 1 Jn 4,, 18.

Saint François de Sales remarque que l'âme occupée à craindre s'isole dans sa faiblesse. C'est juste et il n'y a rien de plus triste.

Il est clair qu'il faut s'examiner, bien connaître et reconnaître sa profonde misère, sous toutes ses formes, souffrir amèrement de ses fautes, ne jamais les admettre, ne jamais s'avouer vaincu, ne jamais capituler, détester toujours davantage ce qui n'est pas bien, ce qui ne devrait pas être, ce qui est défendu. Oui, c'est clair, et d'ailleurs, plus on aime Jésus, plus on se rapproche de lui, plus on réprouve ce qui n'est pas lui, ce qu'il n'aime pas.

Bien plus, c'est lui qui, grandissant en nous et y prenant de plus en plus toute la place, provoquera en nous ces sentiments de détestation du mal et du péché.

Voici le problème : comment détester chaque jour davantage ma misère et en même temps l'aimer ? Je n'aime pas ma misère elle-même, j'aime les conséquences de ma misère, c'est-à-dire que je me sers d'elle pour m'enfoncer dans l'humilité, puis pour redoubler de confiance et me plonger dans l'océan de Miséricorde. Cela s'allie très bien, mais très bien.

Donc, ne jamais se décourager de ses fautes et commencer par ne pas s'en étonner. Un petit enfant qui ne sait pas marcher ne s'étonne pas de trébucher et de tomber à chaque pas qu'il fait.

En voyant sa mauvaise nature et ce qu'elle produisait, sainte Thérèse d'Avila s'écriait : « Voilà bien l'herbe de mon jardin ».

La tentation, si humiliante soit-elle, est une occasion de victoire. « Parce que tu étais agréable à Dieu, il a fallu que la tentation t'éprouvât »[9], disait l'Ange à Tobie.

Même la chute, si on la regrette, fortifie, puisque Jésus tire le bien du mal. Allez à lui comme à la source d'eau vive, autant de fois qu'il est nécessaire, vous relevant chaque fois plus humble et chaque fois plus débordant d'amour confiant. Si chaque faute est une occasion pour vous de baiser, avec repentir et confiance, la plaie de son Cœur, chaque faute devient un échelon pour monter dans l'Amour. De misère en misère, on va de miséricorde en miséricorde.

9. Tb 12, 13.

J'ai déjà dit comment Petite Thérèse a compris, vécu et exprimé cette doctrine, mais je reviens à elle, car vraiment, elle en est le docteur.

Elle se plaisait à raconter ses infidélités en détails à Jésus, « pensant, dans son téméraire abandon, acquérir ainsi plus d'empire, attirer plus pleinement l'Amour de celui qui n'est pas venu appeler les justes mais les pécheurs »[10].

Elle écrivait à sa sœur Céline : « Nous voudrions souffrir généreusement, grandement, Céline, quelle illusion ! Nous voudrions ne jamais tomber ! Qu'importe, mon Jésus, si je tombe à chaque instant, je vois par là ma faiblesse et c'est pour moi un grand gain. Vous voyez par là ce que je peux faire et maintenant vous serez plus tenté de me porter entre vos bras. Si vous ne le faites pas, c'est que cela vous plaît de me voir par terre »[11]. « Céline, si tu veux supporter en paix l'épreuve de ne pas te plaire à toi-même, tu donneras au divin Maître un doux asile ; il est vrai que tu souffriras puisque tu seras à la porte de chez toi, mais

10. M.A., p. 235.

11. Lettre, 26 avril 1889.

ne crains pas, plus tu seras pauvre, plus Jésus t'aimera »[12].

Ayant montré de l'impatience à l'une de ses sœurs, elle écrivait à Mère Agnès : « Je suis bien plus heureuse d'avoir été imparfaite que si, soutenue par la grâce, j'avais été un modèle de douceur. Cela me fait tant de bien de voir que Jésus est toujours aussi doux, aussi tendre avec moi. Pourquoi ne me gronde-t-il jamais ? »[13].

Elle avait reconnu bien vite que, plus on avance dans le chemin de la perfection, plus on se croit éloigné du terme. Aussi se résignait-elle « à se voir toujours imparfaite et à y trouver sa joie »[14]. Et elle s'écriait : « Que je suis heureuse de me voir imparfaite et d'avoir tant besoin de la Miséricorde du Bon Dieu, au moment de la mort »[15]. Jusque dans les bras de la mort.

« Je devrais, au lieu de me réjouir de ma sécheresse, l'attribuer à mon manque de ferveur,

12. Lettre, Noël 1896.

13. Lettre, 28 mai 1897.

14. M.A., p. 186.

15. N.V., p. 97.

de fidélité. Je devrais me désoler de dormir pendant mes oraisons et mes actions de grâces. Eh bien ! je ne m'en désole pas. Je pense que les petits enfants plaisent autant à leurs parents lorsqu'ils dorment que lorsqu'ils sont éveillés... »[16].

J'ai tenu à faire cette citation, parce que j'ai trouvé tant et tant d'âmes qui attribuent leur sécheresse et leurs tentations contre la foi à leur manque de ferveur, et leur élan vers Jésus s'en trouve brisé, alors qu'il permet cela, souvent, pour les enfoncer plus encore dans l'humilité et leur donner l'occasion de cette confiance d'enfant dans la simplicité qui ravit son Cœur.

Ainsi les lumières sur son néant lui faisaient-elles plus de bien que des lumières sur la foi[17]. Elle affirmait : « Le Tout-Puissant a fait de grandes choses en l'âme de l'enfant de sa divine Mère, et la plus grande, c'est de lui avoir montré sa petitesse et son impuissance »[18].

16. M.A., p. 189.

17. N.V., p. 139.

18. M.A., p. 248.

Vous vous demanderez peut-être pourquoi j'appuie ainsi ce que je prêche sur la doctrine de sainte Thérèse de l'Enfant-Jésus.

C'est parce que je suis convaincu qu'elle a une grande mission dans l'Eglise jusqu'à la fin des temps, et que je sais, par expérience, l'immense bien fait aux âmes par sa spiritualité. D'autant plus qu'elle a été exaltée par nos derniers papes avec une force extraordinaire. Et là nous sommes en terrain sûr.

Saint Pie X : « Elle est la plus grande sainte des temps modernes »[19].

Benoît XV : « Là est le secret de la sainteté pour tous les fidèles répandus dans le monde entier. Elle ne fut pas cependant nourrie de fortes études, néanmoins elle eut tant de science par elle-même, qu'elle sut indiquer aux autres la vraie voie du salut. Nous souhaitons que le secret de sainteté de sainte Thérèse de l'Enfant-Jésus ne reste caché pour aucun de nos Fils »[20].

19. Témoignage de sœur Geneviève de la Sainte-Face.

20. Discours, 14 août 1921.

Pie XI : « Nous désirons ardemment que tous les fidèles du Christ la contemplent en vue de l'imiter. Elle acquit une telle science des choses surnaturelles qu'elle a pu tracer aux autres une voie certaine de salut. Tout le monde doit entrer dans cette petite voie, voie d'une simplicité d'or qui n'a d'enfantine que le nom... Quelle transformation s'opérerait dans le monde si l'on revenait à cette simplicité évangélique ! Elle fut comme la parole vivante de Dieu »[21].

Pie XII : « Le Seigneur l'a introduite dans sa maison, lui a confié ses secrets, lui a révélé toutes ces choses qu'il cèle aux sages et aux puissants »[22]. « Et maintenant, après avoir vécu silencieusement et cachée, voici qu'elle s'adresse à toute l'humanité, aux riches et aux pauvres, aux grands et aux humbles. C'est l'Evangile, le cœur de l'Evangile qu'elle a retrouvé.

Il faut se fier à la parole de sainte Thérèse quand elle invite le plus misérable aussi bien

21. Discours, 17 et 18 mai 1925, 30 avril 1923.

22. Mt 11, 25.

que le plus parfait, à ne faire valoir devant Dieu que la faiblesse radicale et la pauvreté spirituelle d'une créature pécheresse »[23].

Jean XXIII : « La grande Thérèse je l'aime beaucoup. Mais la Petite nous conduit au rivage... Il faut se fier à elle »[24].

Nous allons voir comment « elle nous conduit au rivage ».

Sœur Marie du Sacré-Cœur, sœur aînée et marraine de sainte Thérèse, lui avait demandé de mettre par écrit ce qu'elle appelait sa « petite doctrine ». Celle-ci rédigea les pages où elle exprime en termes admirables ses immenses désirs, se sentant la vocation de guerrier, de prêtre, de docteur, de martyr, « mais, écrit-elle, je ne saurais me borner à un genre de martyre, il me les faudrait tous »[25].

Sœur Marie du Sacré-Cœur lui répond : « J'ai lu vos pages brûlantes d'amour pour Jésus. Votre petite Marie est bienheureuse de posséder ce trésor. Pourtant un certain senti-

23. Message du 11 juillet 1954.

24. *Annales de Lisieux*, juillet 1963, p. 3.

25. M.A., p. 227.

ment de tristesse m'a saisie devant vos désirs extraordinaires du martyre. Voilà bien la preuve de votre amour. Oui, vous le possédez l'amour, mais moi, non ».

N'avez-vous jamais ressenti ce sentiment de tristesse, de jalousie même peut-être, que l'on éprouve en lisant des choses très belles dans la vie et dans les écrits des saints, avec la tentation de se dire : « Ce n'est pas pour moi, c'est trop grand pour moi ».

Sœur Marie du Sacré-Cœur demande à Thérèse qu'elle lui dise si elle peut aimer Jésus comme elle.

Thérèse saisit sa plume : « Je ne suis pas embarrassée pour vous répondre... Comment pouvez-vous me demander s'il vous est possible d'aimer le Bon Dieu comme je l'aime ? Mes désirs de martyre ne sont rien, ce ne sont pas eux qui me donnent la confiance illimitée que je sens dans mon cœur. Ces désirs sont une consolation que Jésus accorde parfois aux âmes faibles comme la mienne, mais lorsqu'il ne donne pas cette consolation, c'est une grâce de privilège... Ah ! je sens bien que ce n'est pas cela du tout qui plaît au Bon Dieu dans ma petite âme. Ce qui lui plaît, c'est de me voir aimer ma petitesse et ma pauvreté. C'est l'espérance aveugle que j'ai en sa miséricorde... Voilà mon seul trésor. Pourquoi ce trésor ne serait-il pas le vôtre ?

« O ma sœur chérie, je vous en prie, comprenez votre petite fille, comprenez que pour aimer Jésus, être sa victime d'amour, plus on est faible, sans désirs ni vertus, plus on est propre aux opérations de cet Amour consumant et transformant. Le seul désir d'être victime suffit, mais il faut consentir à rester toujours pauvre et sans forces.

« Ah ! restons bien loin de tout ce qui brille, aimons notre petitesse, aimons à ne rien sentir, alors nous serons pauvres d'esprit et Jésus viendra nous chercher, si loin que nous soyons, il nous transformera en flammes d'amour. Oh ! que je voudrais pouvoir vous faire comprendre ce que je sens... C'est la confiance et rien que la confiance qui doit nous conduire à l'Amour... La crainte ne conduit-elle pas à la justice sévère, telle qu'on la représente aux pécheurs, mais ce n'est pas cette justice que Jésus aura pour ceux qui l'aiment »[26].

Admirable lettre qu'il me coûte de n'avoir pas citée en entier, où j'admire, une fois de plus, la merveilleuse logique des saints.

Comme tous les théologiens, Petite Thérèse savait que l'Amour divin est un amour consumant et transformant. Donc, plus on est faible, plus on est propre aux opérations d'un tel amour.

Avoir des désirs brûlants, les exprimer avec éloquence, se sentir plein d'élan, cela ne dépend pas de nous directement. Ce que nous pouvons faire toujours, c'est aimer, de volonté, notre petitesse et notre pauvreté ; c'est aimer notre dénuement et notre impuissance et arriver à n'avoir plus qu'un seul trésor : notre abandon aveugle en la miséricorde.

Voilà un programme de vie intérieure qui est à votre portée.

Savez-vous ce qui nous trompe ? C'est que les hommes les meilleurs sont souvent si durs. Ils se lassent de pardonner. Ils n'oublient pas

26. Lettre, 17 septembre 1896.

les blessures qu'on a pu leur faire. Le monde est impitoyable dans ses jugements. Il semblerait que les pervertis devraient être moins sévères que les autres, rien qu'en se regardant eux-mêmes. Bien au contraire. C'est que la miséricorde est un fruit de la grâce. Entendez les pharisiens, derrière leurs façades blanchies, juger les pauvres publicains !

Nous faisons le Cœur de Jésus à la mesure de notre misérable petit cœur, si mesquin, si étroit, si dur, et nous n'arrivons pas à comprendre que Jésus, lui, soit si bon, si indulgent, si compatissant, si doux, si patient.

Nous sommes sévères surtout par manque d'humilité. Ce manque d'humilité, nous empêche d'aller à Jésus avec cette confiance d'enfant qui lui permet de rendre notre cœur doux et humble comme le sien, de changer notre cœur avec le sien.

Oui ! c'est bien ce qui nous trompe. Nous n'avons pas l'expérience d'un cœur vraiment miséricordieux, universellement miséricordieux, toujours bienveillant et compréhensif, qui, attiré par la misère, sait toujours se pencher sur elle. Et pourtant, c'est ainsi qu'est le Cœur de Jésus.

L'Ecriture est pleine de textes qui confirment cette doctrine de la confiance dans la misère, je dirai de l'entière confiance dans l'entière misère : « Il préfère la miséricorde au sacrifice »[27]. Saint Paul l'a écrit : « Où le péché a abondé, la grâce a surabondé »[28]. Quelle parole forte ! *Copiosa apud eum redemptio*[29].

Comme on voit en tout cela la volonté de Jésus de nous sauver à tout prix. Cette volonté lui a fait verser tout son sang jusqu'à la dernière goutte, quand un geste, une absolution aurait suffi. Jésus signifie Sauveur, c'est son nom. Et ce Sauveur est toujours avec nous, toujours prêt à nous sauver.

Il a voulu tirer de l'abîme Judas par la douceur et la bonté. Au moment même où Judas le trahissait, il l'appelle son ami : « Amice, mon ami, c'est par un baiser que tu trahis le Fils de l'homme »[30]. Le grand péché de Judas

27. Mt 9, 13.
28. Rm 5, 20.
29. Ps 130, 7.
30. Mt 26, 50 ; Lc 22, 48.

n'a pas été son avarice, pas même sa trahison : ce fut de ne pas répondre à cet appel pressant du Cœur de Jésus. Si, à ce moment, Judas était tombé à genoux en disant : « Mon crime est immense, mais votre Miséricorde est encore plus grande », Jésus l'aurait pris dans ses bras. Mais Judas a douté de la miséricorde ou il n'en a pas voulu. Là fut sa perte.

Les grands pécheurs, emportés par leurs passions, font leur plus grand péché, celui dont il est dit qu'il ne sera pas remis[31], le jour où ils secouent le remords et apostasient par désespérance et par orgueil, en repoussant la miséricorde. C'est alors le blasphème contre l'Esprit-Saint, contre l'Amour.

Nous pouvons aller plus loin encore. Nous pouvons appuyer notre confiance, non seulement sur la miséricorde de Dieu, mais encore sur sa justice, toujours à la suite de Petite Thérèse.

« A moi, écrit-elle, il a donné sa Miséricorde infinie et c'est à travers elle que je contemple et adore les autres perfections divines. Alors

31. Mt 12, 31.

toutes m'apparaissent rayonnantes d'amour. La justice même, et peut-être encore plus que toute autre, me semble revêtue d'amour. Quelle douce joie de penser que le Bon Dieu est juste, c'est-à-dire qu'il tient compte de nos faiblesses, qu'il connaît parfaitement la fragilité de notre nature. De quoi aurais-je donc peur ? »[32].

Et à son frère spirituel, le père Roulland : « Je sais qu'il faut être bien pur pour paraître devant le Dieu de toute sainteté, mais je sais aussi que le Seigneur est infiniment juste et c'est cette justice qui effraie tant d'âmes qui fait le sujet de ma joie et de ma confiance... J'espère autant de la justice du Bon Dieu que de sa Miséricorde. C'est parce qu'il est juste qu'il est compatissant et rempli de douceur, lent à punir et abondant en miséricorde, car il connaît notre fragilité. Il se souvient que nous ne sommes que poussière »[33].

Et montant plus haut : « Puisque vous m'avez aimée jusqu'à me donner votre Fils unique pour mon Sauveur et mon Epoux, les

32. M.A., p. 209.

33. Lettre, 9 mai 1897 ; Ps 103, 8-14.

trésors infinis de ses mérites sont à moi. Je vous les offre avec bonheur, vous suppliant de ne me regarder qu'à travers la face de Jésus et dans son Cœur brûlant d'Amour... Au soir de cette vie, je paraîtrai devant vous les mains vides, car je ne vous demande pas de compter mes œuvres. Toutes nos justices ont des taches à vos yeux. Je veux donc me revêtir de votre propre justice et recevoir de votre Amour la possession éternelle de vous-même... »[34].

Sublime pensée que je vous exprimais déjà dans ma première conférence. Tous les mérites de Jésus sont à moi, il me recouvre de son sang, il remplit mes mains vides de ses propres vertus et me transforme en lui-même. Je me présente ainsi devant le Père et, en toute justice, le Père me reçoit comme son Fils bien-aimé.

C'est dans ce sens que Petite Thérèse disait : « Pour les victimes de l'Amour, il me semble qu'il n'y aura pas de jugement, mais plutôt que le Bon Dieu se hâtera de récompenser par des délices éternelles son propre Amour qu'il

34. Acte d'offrande.

verra brûler dans leur cœur »[35]. Elle savait que « le Feu de l'amour est plus sanctifiant que celui du Purgatoire ».

Les « petits » qui se seront livrés à l'Amour, vivant ici-bas dans les bras de Jésus, sur son Cœur, se retrouveront, au moment de la mort, dans ses bras, sur son Cœur.

Et quand Jésus se cache, dans ces épreuves intérieures si douloureuses, de sécheresse, d'aridité, d'angoisses, dans les ténèbres ; quand tous ces mots d'amour, de confiance, d'abandon ne nous disent plus rien, ne nous touchent pas, ne nous atteignent plus..., quelle âme n'est pas passée par ces nuits ?

C'est alors qu'il faut pousser la confiance jusqu'aux extrêmes limites. Ces épreuves sont des grâces parce qu'elles sont des occasions de pure foi. Le pur amour se réalise dans la pure foi et la pure foi se réalise dans les ténèbres, de même que « la force se perfectionne dans la faiblesse »[36].

35. H.A., p. 281.

36. 2 Co 12, 9.

Profitez, profitez de ces heures sombres où la nature gémit, où le cœur est de glace, où vous croyez à tort que Jésus est très loin de vous, et même, peut-être, qu'il détourne les yeux de vous, parce que vous-même vous vous voyez si imparfait et misérable ; profitez-en pour faire des actes héroïques de foi et de confiance de pure volonté. Ce sont les plus précieux, ils ont un immense mérite parce qu'alors c'est la foi pure, sans consolation et sans aide sensible.

C'est le moment de dire à Jésus : « Vous pouvez dormir dans ma barque, je ne vous éveillerai pas. Vous vous cachez, mais je sais bien où vous êtes caché, vous l'êtes dans mon cœur. Je ne le sens pas, mais je le sais. Je crois à votre Amour pour moi et je crois à mon amour pour vous ».

Toute la dernière année de sa vie, Petite Thérèse eut cette épreuve de foi et c'est ainsi qu'elle fut consumée dans le feu de l'Amour divin jusqu'à la dernière parcelle d'hostie.

« Je voudrais pouvoir exprimer ce que je sens, écrivait-elle, mais hélas ! je crois que c'est impossible. Il faut avoir voyagé dans ce sombre tunnel pour en comprendre l'obscurité.

« Lorsque je veux reposer mon cœur, fatigué des ténèbres qui l'entourent, par le souvenir du pays merveilleux vers lequel j'aspire, mon tourment redouble. Je crois avoir fait plus d'actes de foi depuis un an que pendant toute ma vie ».

Mais elle accepte de ne pas jouir du ciel sur la terre afin qu'il soit ouvert pour toute l'éternité aux pauvres incrédules. « Aussi, ajoute-t-elle, malgré cette épreuve qui m'enlève toute jouissance, je puis cependant m'écrier : « Seigneur, vous me comblez de joie par tout ce que vous faites »[37]. « Car est-il une joie plus grande que de souffrir par amour ? »[38].

Et elle pensait que Jésus se lasserait plus vite de la faire attendre, quelle de l'attendre[39].

Et à la mort ? On dit qu'à la mort l'enfer se déchaîne. Jésus peut le permettre. Mais n'est-il pas près de nous alors, bien plus près que Satan ? Est-ce que Marie n'est pas là, soutenant cette âme qui est l'enjeu de la Rédemption,

37. Ps 92, 5.

38. M.A., pp. 250 et 253.

39. Lettre, avril 1890.

avec une sollicitude de Maman ? Et saint Joseph qui connut la douceur de mourir dans les bras de Jésus et de Marie. Leurs Cœurs se penchent sur les mourants avec une puissance salvatrice sans pareille, à cette heure décisive. « Pas une âme ne tombe en enfer qu'elle ne se soit arrachée de mes bras », disait Notre-Seigneur à une sainte âme.

Si, d'après le Curé d'Ars, « ce n'est pas le pécheur qui revient à Dieu pour lui demander pardon, mais c'est Dieu lui-même qui court après le pécheur et qui le fait revenir à lui »[40], c'est bien à l'heure de la mort.

Cette conférence est, je le pense, la plus importante de la retraite : la confiance est au cœur de la doctrine de sainte Thérèse de l'Enfant-Jésus puisque « c'est la confiance et rien que la confiance qui doit nous conduire à l'Amour »[41], et que l'amour est tout.

Gravez en lettres d'or et de feu dans vos âmes et dans vos cœurs : immense confiance, confiance inaltérable en ce Roi d'Amour qui s'appelle Jésus-Sauveur.

40. Nodet, J.-M. Vianney, p. 132.

41. Lettre, 17 septembre 1896.

IV

L'ABANDON

« Per ipsum et cum ipso et in ipso » par Jésus, avec Jésus et en Jésus. « Sans moi vous ne pouvez rien faire »[1]. « Avec vous, Jésus, je puis tout »[2].

Renouvelez ces pensées qui vous lient à lui et qui vous plongent dans l'abîme d'Amour de son Cœur.

La suite logique et nécessaire de l'entière confiance que je vous ai prêchée jusqu'ici, c'est le total abandon.

Puisque c'est par Jésus que tout doit s'accomplir, plus je le laisserai faire, plus l'œuvre de grâce sera belle et parfaite.

1. Jn 15, 5.
2. Ph 4, 13.

Quelle est cette œuvre de grâce ? La transformation de nos âmes en Jésus par l'amour. Saint Thomas nous montre, après saint Augustin, que l'Eucharistie transforme nos âmes en Jésus par l'amour[3]. Et c'est là que je trouve la définition de la sainteté, le fin mot, si je peux dire, de notre divine prédestination.

Jésus nous transforme en lui, notre intelligence n'est plus notre intelligence mais la sienne : nous voyons les choses comme il les voit. Notre volonté n'est plus notre volonté mais la sienne : nous voulons ce qu'il veut et nous rejetons ce qu'il réprouve. Notre cœur n'est plus notre cœur mais le Cœur de Jésus : nous aimons ce qu'il aime et nous détestons ce qu'il déteste. « Je vis, non plus moi, c'est Jésus qui vit en moi »[4]. *« Mihi vivere Christus est »*[5].

Vous me direz : « Vous affirmez que nous sommes sans cesse transformés davantage en lui. Oui, mais je ne m'en aperçois pas, je ne touche pas cela du doigt. Et même, certains

3. III s 9. 73, art. 3.

4. Ga 2, 20.

5. Ph 1, 21.

jours, en me voyant misérable, je suis tenté de croire le contraire ».

Pourtant, est-ce que, plus que jamais, vous ne voyez pas les choses comme lui ? Certainement si. Est-ce que tous les jours vous ne voulez pas davantage ce qu'il veut ? Si, certainement. Je suis sûr qu'aujourd'hui, plus que jamais, vous voulez l'aimer et le faire aimer, d'une volonté encore plus sincère, d'une volonté encore plus profonde, d'un désir encore plus sûr, quoique non senti peut-être. Vous ne direz pas : « Je désire moins l'aimer et le faire aimer qu'hier ». Vous ne seriez pas ici.

Ce qui nous trompe, c'est que nous prenons la ferveur sensible pour la sainteté. Mais elle n'est pas cela. La sainteté est une disposition de notre âme, animée par la grâce, qui est la vie de l'âme, sous l'action des vertus infuses et sous l'influence des dons du Saint-Esprit ; disposition d'être à Jésus plus que jamais, d'accomplir sa volonté, de le connaître et de le faire connaître, de l'aimer et de le faire aimer, toujours plus.

Il regarde bien plus ce que nous sommes que ce que nous faisons, et nous sommes, à ses yeux, ce que nous voulons sincèrement être pour lui.

Nous comprenons ici pourquoi tant de communions – ces communions qui nous transforment en lui – ne portent pas tous les fruits surnaturels qu'elles pourraient porter. On lui ouvre sa poitrine, on lui ferme les portes de son intelligence, de sa volonté et de son cœur, en ne vivant pas d'abandon. On le fait venir, mais on ne lui permet pas d'entrer. Mais si, en le recevant, vous lui livrez par votre parfait abandon tous les leviers de commande, toutes les clés de la maison, qu'il soit le Maître en vous avec pleine liberté d'agir. Oh ! alors, quelles merveilles n'accomplira pas dans vos âmes sa Toute-Puissance au service de son Amour !

L'abandon bien compris résume tout. Il exige une grande humilité, puisque c'est se soumettre aux créatures et aux événements en voyant en eux Jésus lui-même. Il exige une immense foi, une confiance de tous les instants pour déchirer le voile des causes secondes, pour briser l'écran des créatures qui nous empêchent trop souvent de voir derrière elles Jésus qui conduit tout, puisque rien, rien n'arrive qu'il ne l'ait voulu ou permis.

L'abandon n'est autre que l'obéissance poussée jusqu'à ses extrêmes limites puisqu'il consiste à se soumettre à tous dans la mesure du possible et du raisonnable, pour obéir à Dieu qui a tout prémédité, tout voulu.

Enfin, c'est dans l'abandon que nos grands désirs trouvent leur accomplissement parfait. Je vous parlais de cette page splendide de Petite Thérèse où elle dit qu'elle aurait voulu « éclairer les âmes comme les prophètes et les docteurs, parcourir la terre et annoncer l'Evangile jusque dans les îles les plus reculées, avoir été missionnaire depuis la création du monde et l'être jusqu'à la consommation des siècles, avoir subi tous les martyres »[6].

Elle trouve le moyen de réaliser tout cela en étant dans le cœur de l'Eglise, sa Mère, l'amour. Et comment a-t-elle été l'amour dans le cœur de la sainte Eglise ? En vivant dans une entière conformité à la volonté d'un Dieu qui n'est qu'Amour.

Vivre d'abandon, c'est retrouver une parfaite harmonie en Dieu, car alors, c'est Dieu,

6. M.A., p. 237.

c'est Jésus qui écrit toutes les lignes, tous les mots et toutes les lettres de notre vie. Il est frappant de voir comment la sainteté de tous les saints s'est consommée dans l'abandon total. Tous leurs efforts, toutes leurs prières, toutes les lumières qu'ils ont reçues du ciel, les ont conduits là.

Quand Notre-Seigneur fait quelque reproche à des saints, à une sainte Gertrude, à une sainte Marguerite-Marie, par exemple, c'est le plus souvent d'un manque d'abandon qu'il se plaint. Celle-ci, peu de temps avant sa mort, s'écrie avoir enfin compris ce qu'il attendait d'elle, quand il lui disait : « Laisse-moi faire ». « Son Sacré-Cœur, écrivait-elle, fera tout pour moi si je le laisse faire : il voudra, il aimera, il désirera pour moi et suppléera à tous mes défauts »[7].

Comme sainte Marguerite-Marie, entendez cent fois par jour Jésus vous dire : « Laisse-moi faire ». Dans vos difficultés, dans vos problèmes, dans tout ce qui, dans votre vie quotidienne, est parfois si difficile, si angoissant,

7. Lettre CXXXIII.

quand vous vous interrogez : « Que faire ? Comment faire ? ». Ecoutez-le vous dire : « Laisse-moi faire ». Vous lui répondrez : « Merci pour tout, Jésus ». Et ce sera le plus beau dialogue d'amour d'une âme avec son Dieu tout-puissant et tout Amour.

Petite Thérèse en était venue à n'avoir plus d'autre désir que d'aimer Jésus à la folie : « Je ne désire pas non plus la souffrance ni la mort, et cependant je les aime toutes les deux, mais c'est l'amour seul qui m'attire. Maintenant c'est l'abandon seul qui me guide, je n'ai point d'autre boussole »[8]. « Mon cœur est plein de la volonté de Jésus. Ah ! si mon âme n'était pas remplie d'avance, s'il fallait qu'elle le fût par les sentiments de joie et de tristesse qui se succèdent si vite, ce serait un flot de douleur bien amer ! Mais ces alternatives ne font qu'effleurer mon âme. Aussi je reste toujours dans une paix profonde que rien ne peut troubler... Si le Seigneur m'offrait de choisir, je ne choisirais rien, je ne veux que ce qu'il veut. C'est ce qu'il fait que j'aime. Je l'avoue, j'ai été longtemps à

8. M.A., p. 207.

m'établir à ce degré d'abandon ; maintenant j'y suis, le Seigneur m'a prise et m'a posée là »[9].

Comme je demande au Seigneur qu'il vous prenne, vous aussi, et qu'il vous pose là, au fond de son Cœur !

Cet abandon si simple, c'est la cime de la sainteté, c'est la cime de l'amour. Quand sainte Thérèse d'Avila dans le « Château intérieur », parle du mariage spirituel, point culminant de la vie mystique, elle le dépeint comme une union de conformité dans la charité. « Telle est l'ineffable ardeur avec laquelle les âmes désirent que la volonté de Dieu s'accomplisse en elles, qu'elles sont également satisfaites de tout ce qu'il plaît au divin Epoux d'ordonner »[10].

Pratiquement, en quoi consiste l'abandon ? Voyant la volonté de Dieu dans tout ce que les créatures et les événements vous présentent, c'est, selon saint François de Sales, être dans la disposition de ne rien demander et ne rien refuser.

9. H.A., p. 238.

10. Septième demeure.

Evidemment, nous devons raisonner et juger. Nous devons prévoir, faire nos plans et agir, comme si tout dépendait de nous. J'insiste sur ce point parce que l'abandon n'est ni le quiétisme, ni le fatalisme.

Si vous avez un problème à résoudre, il faut vous renseigner, bien connaître les données du problème, les étudier, chercher la meilleure solution et la suivre.

Si vous êtes malade, il faut faire venir le médecin, suivre ses prescriptions. Qu'on n'ait rien à vous reprocher, du moins que votre bonne volonté soit entière. S'attacher à faire tout ce que l'on doit faire, avec la plus grande fidélité, la plus grande générosité, nonobstant, n'est-ce pas, toute cette faiblesse qui est la nôtre, parce qu'on ne peut jamais dire : « J'ai fait tout ce que j'ai pu ». Qui peut dire cela, hors Marie ? On aurait toujours pu faire plus. Mais enfin, avoir travaillé de toute sa bonne volonté, malgré sa misère, sans jamais oublier d'ailleurs, que Jésus est là qui nous porte. Ayant ainsi agi avec lui, ne jamais s'inquiéter du résultat. S'il veut un échec apparent – je dis bien échec apparent, car un échec voulu par Dieu n'est pas un véritable échec — tout est bien. « Merci Jésus ».

S'il jette mes petits plans par terre, je baise sa main adorable, c'est qu'il veut réaliser les siens qui sont autrement plus beaux que ceux que j'ai pu faire moi-même. S'il permet une très belle réussite, selon mes vues, « Merci encore » (plus facile à dire celui-là).

J'ai été quelquefois frappé de voir des personnes très bonnes, très pieuses, héroïques dans la mortification, dans l'austérité, dans la tempérance, refuser le véritable holocauste, celui qui nous immole vraiment, celui de sa volonté propre. Sur un point ou sur un autre, on se plaint, on s'inquiète et on demande autre chose au divin Maître que ce qu'il nous a donné. C'est sortir alors de la vraie mortification, dans le vrai sens du mot.

Jésus a toujours sa victoire quand il a votre abandon. Il n'a besoin que de cela pour réaliser les merveilles divines que son Cœur vous a préparées de toute éternité. Ce qui gâte tout, ce qui le paralyse dans son action providentielle sur nous, ce ne sont pas les difficultés matérielles. Qu'est-ce qu'une difficulté matérielle pour celui qui a créé le ciel et la terre ? Ce ne sont pas ses ennemis. Il régnera malgré ses ennemis. Ce qui le gêne, c'est le manque de foi et d'abandon de ceux qui se disent ses amis et qui devraient être ses instruments fidèles. Les bâtons dans les roues, c'est nous qui les mettons toujours par nos vues propres, nos petits plans auxquels nous tenons tant. Et très souvent, pourquoi ? Par peur d'une croix, par crainte d'une humiliation, par soif de jouissance, par ambition terrestre, par manque de confiance surtout.

Rappelez-vous ce beau passage de l'Evangile quand Jésus s'écrie : « Ne soyez pas inquiets pour votre vie de ce que vous mangerez, ni pour votre corps, de ce que vous revêtirez. Regardez les oiseaux du ciel, ils ne sèment pas, ils ne moissonnent pas, n'amassent pas dans les greniers et votre Père céleste les nourrit. Voyez les lis des champs comme ils grandissent. Ils ne peinent ni ne filent. Or Salomon, dans toute sa gloire, n'était pas vêtu comme l'un d'entre eux. Et vous, hommes de peu de foi, ne valez-vous pas plus qu'eux ? »[11].

11. Mt 6, 25 et ss.

Mais, dans le même Evangile, il est dit : « Cherchez avant tout le Royaume de Dieu et sa justice, et tout cela vous sera donné par surcroît ».

Et voilà ce qu'on ne fait pas. On ne cherche pas d'abord le Royaume de Dieu. On cherche d'abord son avantage, son intérêt, l'argent, que sais-je ? Et Jésus se détourne.

De toutes façons, il y aura des échecs, des contradictions, des moments très difficiles et parfois très angoissants. Mais, s'il y a de notre part cette confiance entière que nous devons avoir en lui, Jésus arrangera tout. Il tirera le bien du mal et même, comme je vous le disais déjà, il tirera un plus grand bien que s'il n'y avait pas eu ce mal et l'épreuve vous aura été un bien immense.

Oui, tout faire comme si tout dépendait de vous et confier le résultat au divin Maître de qui tout dépend en réalité.

Comme on demandait à Petite Thérèse de résumer sa petite voie d'enfance, elle répondit : « C'est ne s'inquiéter de rien »[12]. J'avoue que ces mots en disent long !

12. N.V., p. 125.

Naturellement, ne s'inquiéter de rien volontairement, consciemment, délibérément, parce que la nature s'inquiète toujours. Nous nous inquiétons de tout : la guerre menaçante, la politique décevante, les relations sociales, familiales difficiles, les enfants à élever, la santé, le pain du lendemain, l'avenir des siens, etc. Moi qui prêche tellement la confiance, je passe mon temps à m'inquiéter. Comment ne pas se poser, à tout propos, la question : « Que va-t-il arriver ? Comment cela va-t-il tourner ? » Le tout est de ne pas consentir consciemment à une anxiété, à un trouble.

Au moment où l'on se rend compte que l'on s'inquiète, faire bien vite alors l'acte de confiance : « Non, Jésus, vous êtes là, rien, rien n'arrive, pas un cheveu de notre tête ne tombe sans votre permission. Je n'ai pas le droit de m'inquiéter ». Il dort peut-être dans la barque, mais il est là, il est toujours là. Il est Tout-Puissant, rien n'échappe à sa vigilance. Il veille sur chacun de nous « comme sur la prunelle de son œil »[13]. Il est tout amour, toute tendresse. C'est vraiment lui faire injure que

13. Dt 32, 10.

de s'inquiéter volontairement de quoi que ce soit. C'est cela qui lui fait de la peine. C'est cela qui le blesse au Cœur plus que tout.

De si douces paroles reviennent sans cesse sur ses lèvres comme un inlassable refrain qui devrait ravir nos oreilles et gonfler nos cœurs : « *Nolite timere.* C'est moi, Jésus »[14].

J'insiste sur ces mots : « s'inquiéter avec le plein consentement de la volonté », car il est très important dans la vie spirituelle de faire la distinction entre notre nature et notre volonté unie à celle de Jésus. « *Homo duplex* ». Ma nature dit « non » ; ma volonté dit « oui ». Ma nature gémit ; de toute ma volonté, je souris à travers mes larmes. Ma nature se trouble et craint ; mon cœur se rappelle le divin testament : « Je vous donne ma paix, je vous laisse ma paix »[15]. Ma nature se révolte ; je m'oblige à dire : « Tout est bien, Jésus, ne changez rien ». C'est une lutte qu'il faut reprendre sans cesse, car notre nature relève toujours la tête.

14. Mt 14, 27.

15. Jn 14, 27.

(Elle meurt un quart d'heure après nous, dit saint François de Sales). C'est le drame de notre vie. Mais ce qui est beau, c'est ce que Jésus voit, notre volonté unie à la sienne, la disposition profonde, habituelle de n'avoir qu'une volonté avec lui[16]. Tous ces mouvements de notre nature, si nous n'y consentons pas, n'existent pas pour lui. Il n'y a pas de péché sans consentement.

On s'examine sur ses pensées et sur ses actes, on ne s'examine pas assez sur ses dispositions vis-à-vis de Dieu et de ce qu'il attend de nous. Cet examen sera encourageant car nos bonnes dispositions sont sincères et il révélera la présence en nous de « l'Esprit-Saint répandu dans nos cœurs ». Une âme en état de grâce n'est-elle pas son Temple et la Demeure de la Sainte Trinité ?

C'est ici que l'on décidera une lutte implacable contre toute attache, non réprouvée, à ce qui est défendu ; attache qui comporte, le mot le dit, un choix consenti et persistant que l'on ne confondra pas, pourtant, avec une prévision de chute par faiblesse.

16. Par une option fondamentale.

Il ne faut pas penser que la sainteté, c'est de planer au-dessus des tentations, des difficultés et des obstacles. Non ! Non ! *« De profundis clamavi ad te Domine »*. Sous un Chef qui n'est mort que pour ressusciter, et dans cette espérance qui est la certitude de sa victoire à lui, victoire qui est la mienne tant que je ne me séparerai pas de lui.

On peut même se réjouir, en un sens, d'avoir une mauvaise nature qui nous donne l'occasion justement de ne pas consentir et de redire : « Non, Jésus, c'est votre volonté que j'aime ; c'est elle que je veux et rien d'autre. C'est vous que je choisis ».

De même que, selon saint Paul, « la force se perfectionne dans la faiblesse »[17], la confiance se perfectionne dans l'inquiétude, l'humilité se perfectionne dans les sursauts de l'orgueil, la lumière se perfectionne dans les ténèbres. *« Et nox illuminatio mea »*[18].

Que de fois j'ai entendu cet aveu : « Je suis un orgueilleux, j'ai sans cesse des pensées d'or-

17. 2 Co 12, 9.

18. Ps 139, 2.

gueil, de vanité, de recherche de moi-même, me préférant aux autres ». Je réponds : « Est-ce que vous vous complaisez dans ces pensées ? Y consentez-vous pleinement ? » « Non, quand je m'en aperçois, je les repousse, je vois leur inanité et même j'en ai honte ». « Alors, vous n'êtes pas un orgueilleux. Vous avez, comme moi et nous tous, une nature orgueilleuse. Profitez-en pour faire des actes d'humilité qui vous remettront dans la vérité ».

Le véritable orgueilleux, c'est celui qui a choisi l'orgueil, qui en a fait la règle de sa vie, dont le but avoué est de ne pas se soumettre mais de dominer. Nous sommes tous pécheurs, il faut le reconnaître en se frappant la poitrine, mais le pécheur impénitent, c'est celui qui a choisi le péché.

Le diable, dit-on, fait paraître moindre la gravité du péché durant la tentation et l'augmente après la chute. Je pense que c'est juste. Il l'augmente, non seulement pour rendre l'aveu au confessionnal plus difficile, mais surtout pour décourager. Son plan, c'est de désespérer les âmes, comme il est désespéré lui-même. Sa victoire, c'est de faire douter de la Miséricorde.

Et vous devez croire à la Miséricorde jusqu'à penser que vous êtes une joie pour Jésus. Je reviens sur cette pensée que je vous ai exprimée déjà, car elle est essentielle. La vie du chrétien est une vie d'amour. Peut-on s'aimer, sans penser que l'on est une joie l'un pour l'autre ?

Posez-vous la question : « Comment Jésus me voit-il ? » Il me voit son enfant depuis mon baptême. Il me voit depuis ma confirmation rempli de la surabondance des dons de son Esprit, marqué du caractère indélébile de soldat de son Royaume. Mariés, il nous voit baignés dans la grâce du sacrement de mariage. Et, en nous regardant époux et épouse, il pense à son union avec l'Eglise. Il me voit sa brebis qui s'est laissée si souvent ramener au bercail dans ses bras, purifiée par l'absolution. Il voit mon âme transformée en lui-même par la messe et la communion, mon âme où son Père et lui ont fait leur demeure parce que « j'ai gardé sa parole et que je suis resté dans son amour »[19]. Oh ! réalités actuelles des grâces sacramentelles !

19. Jn 14, 23.

Que de causes de joie pour lui en moi ! Que voit-il encore ? Tout ce que vous avez fait pour lui : vos prières, vos bons élans, tous les actes qui, au cours de votre vie, ont été déterminés par votre foi, votre espérance et votre amour ; vos actes de générosité, vos actes de charité surtout que vous avez oubliés, vous, en partie, mais qu'il n'a pas oubliés, lui, parce qu'ils sont gravés dans son Cœur. Au jour du jugement, avec quel bonheur et quelle reconnaissance il vous rappellera tout cela en détail pour sa gloire à lui, puisqu'il est l'auteur de tout bien, mais pour la vôtre aussi, parce que vous aurez cru à son Amour. « Venez, les bénis de mon Père »[20].

Et si, en plus de tout cela, vous lui donnez beaucoup de misères, avec beaucoup d'humilité, mais aussi beaucoup de confiance, alors vous lui donnez sa grande joie, sa joie de Sauveur. Chaque âme en état de grâce est pour lui un ciel que seule elle peut lui donner.

Voici une bonne résolution de retraite à prendre : « Je vous promets, Jésus, de ne m'in-

20. Mt 25, 34.

quiéter de rien, consciemment, volontairement, délibérément. Dès que je m'apercevrai que je m'inquiète, j'écouterai votre douce voix me dire : " Laisse-moi faire. Est-ce que je ne suis pas là avec toi, en toi ? " Et je vous dirai le " Merci pour tout Jésus " inconditionnel que vous attendez toujours de moi ».

L'abandon est une application pratique, vécue, d'une obsession : la volonté de Dieu. Voilà pourquoi des personnes dans le monde, des gens du peuple, tel paysan dans sa ferme, telle ouvrière à l'usine, sont de véritables saints, parce qu'ils ont compris que la volonté de Dieu est tout et qu'ils sont dans la disposition de la préférer à tout. Du moment que je suis dans la volonté de Dieu, tout est bien. D'où la surnaturelle indifférence des saints : joie ou peine, consolation ou sécheresse, lumière ou ténèbres, applaudissements ou critiques, miel ou fiel, la santé ou la maladie, la vie ou la mort. *« Ecce ancilla Domini ». « Fiat voluntas tua ». « Sit nomen Domini benedictum ».* Ce fut toute la sainteté de la Sainte Vierge.

Pensez que chaque événement de votre vie vous apporte une volonté de Jésus qui est Jésus lui-même. C'est lui que vous pouvez embrasser dans tout ce qu'il vous présente. Alors, je le bénis quelles que soient les protestations de la nature. Elle protestera. Il y aura des bouillonnements intérieurs, il y aura la révolte des sens, il y aura des gémissements. Mais, je le bénirai pour tout, de toute ma volonté unie à la sienne. Je dirai uni à Marie : « *Fiat ! Magnificat !* » au milieu de la tempête et ainsi je resterai toujours dans une paix céleste, dans le fond de mon âme.

Cette paix ne sera peut-être pas sentie, elle sera cette paix, dont parle saint Paul, « qui surpasse tout sentiment »[21].

Vous voyez que cette doctrine n'est pas celle du « laisser-aller », loin de là ! De plus, le tendre Maître qui sait le prix de la Croix et des épines saura vous en ménager. Il permettra bien des humiliations et bien des déceptions. Il brisera bien de faux rêves. Il saura, divin chirurgien, mettre le bistouri en plein abcès, heureux que vous le laissiez faire. Mais, n'ayez pas peur, oh ! non ! n'ayez pas peur ! Sa main est si douce et si habile, conduite par son Cœur

21. Ph 4, 7.

qui vous aime à la folie, et le réveil sera si beau. Se livrer à Jésus ainsi dans l'abandon, c'est lui permettre de faire toute son œuvre d'amour. Il veut qu'on le suive, Roi crucifié et couronné d'épines, jusqu'au Calvaire, mais aussi jusqu'à la Résurrection, jusqu'à son ciel de gloire.

La foi pour vous, privilégiés de son Cœur, ne consiste pas seulement à croire au mystère de la Sainte Trinité ou à la présence réelle au tabernacle, à ne jamais douter d'un dogme de la sainte Eglise. Non, cela n'est pas une foi suffisante pour vous. La foi pour vous, c'est croire sans le voir, que Jésus est toujours près de vous, avec vous, guidant tout, tout en respectant votre liberté, pour sa plus grande gloire et la vôtre dans la sienne. Croire au dogme de l'Amour.

Est-ce que je sais par moi-même ce qu'il y a de meilleur pour moi ? Mes vues sont si courtes, mon horizon si borné. Je laisse faire le divin Roi. Il voit mieux et plus loin que moi et il n'a pas à me demander mon avis.

Jésus disait à sainte Gertrude qui lui demandait la guérison d'une de ses amies : « Tu me gênes, Gertrude, en me demandant la guérison de ton amie. Je lui ai envoyé cette maladie comme une épreuve. Elle l'accepte avec une soumission admirable à ma volonté qui lui fait gagner les plus grands mérites et je lui prépare ainsi un ciel plus beau pour toute l'éternité ». Cela ne veut pas dire qu'il ne faut pas prier, et de tout son cœur, pour la guérison des malades, mais toujours avec cette pensée que si Jésus ne nous exauce pas, c'est que son plan est plus beau que le nôtre.

Saint Augustin raconte dans ses *Confessions*[22] que, lorsqu'il vivait à Carthage avec ses parents, il prit la décision d'aller enseigner à Rome. Augustin n'était pas alors un saint, mais un grand libertin... Sa mère qui ne voulait que le salut de son âme pensa que ce départ qui enlevait son fils à son influence pour l'exposer à toutes les tentations de Rome, marquait la fin de tous ses espoirs.

Mais laissons parler Augustin : « Ma mère, au moment du départ, eut une crise de larmes, quelque chose d'atroce. Elle me suivit jusqu'à

22. Livre cinquième, p. 98 (Ed. de Flore).

la mer ; elle se cramponnait à moi pour me ramener ou pour partir avec moi. Mais je la trompai... A grand peine je la décidai à passer la nuit dans une chapelle et, cette même nuit, je partis sans crier gare, et elle resta à prier et à pleurer. Que te demandait-elle, ô mon Dieu, avec tant de larmes, sinon de ne pas me laisser prendre le bateau ?

Mais toi, par un dessein profond, tandis que tu exauçais l'essentiel de son désir, tu ne pris garde à ce qu'elle te demandait alors, pour faire de moi ce qu'en tout temps elle demandait ».

Monique s'opposait à son départ, mais c'est en Italie qu'Augustin devait rencontrer saint Ambroise qui fut l'instrument de sa conversion.

Ainsi, a-t-on dit, Dieu refusa à sainte Monique d'exaucer sa prière d'un jour pour exaucer sa prière de tous les jours.

Sa prière d'un jour était : « Qu'il ne parte pas ! Qu'il ne parte pas ! ». Sa prière de tous les jours : « Qu'il se convertisse ! Qu'il se convertisse ! ». Or, il fallait qu'il parte pour se convertir. Et cela arrive si souvent dans notre vie, n'est-ce pas ? Nous demandons, sans le savoir, juste ce qui est le contraire de notre plus grand bien, de notre vrai bonheur.

On fait quelquefois à cette doctrine l'objection suivante : « Et pourtant, dans l'Evangile, il est dit : « Demandez et on vous donnera, frappez et on vous ouvrira »[23].

Il est certain qu'on peut demander des choses matérielles et temporelles, si on les demande avec confiance, Jésus est touché et très souvent il nous exauce. Il aime tant faire plaisir à ses enfants et les contenter. Mais c'est plus beau de ne rien quémander dans l'ordre temporel, sinon avec cette condition : « Si c'est dans votre plan d'amour sur nous, Jésus ».

Dans l'ordre spirituel, on peut toujours demander, j'oserai dire, insister, quand on est sûr que c'est la volonté divine. Par exemple, la paix pour le monde, une conversion. Mais encore, ici, en laissant à Jésus « Son Heure » pour la réalisation de sa prière.

Pour les choses temporelles, c'est plus beau de le laisser faire. « Prends mes intérêts, disait-

23. Lc 11, 9.

il à sainte Marguerite-Marie et moi, je prendrai les tiens ». Quand les apôtres lui dirent : « Seigneur, apprends-nous à prier »[24], il leur enseigna le *Pater*.

Que votre nom soit sanctifié, que votre règne arrive, que votre volonté soit faite. Donnez-nous le pain quotidien, oui, le pain nécessaire pour vivre sur cette terre ; mais ce pain, c'est surtout l'Eucharistie et ce pain dont il parlait quand il disait : « Mon pain est de faire la volonté de mon Père »[25].

Délivrez-nous du mal. « Mais, ne voudrais-tu pas ceci ou cela ? La fin de telle épreuve, la réussite de telle entreprise ? » — « Seigneur, que votre volonté soit faite, que votre règne arrive ». — Et pour ceux que tu aimes, que me demandes-tu ? — « Seigneur, qu'ils sanctifient votre nom, qu'ils fassent votre volonté, que votre règne arrive en eux et par eux ».

Croyez-vous que si vous priez ainsi, avec une telle foi, une telle assurance dans l'Amour, Jésus ne vous donnera pas toujours ce qu'il y a de meilleur, et pour vous et pour ceux que

24. Lc 11, 1.

25. Jn 4, 34.

vous aimez ? « Le centuple dès ici-bas »[26], sans compter une félicité éternelle, dont saint Paul dit, après Isaïe : « L'œil de l'homme n'a pas vu, son oreille n'a pas entendu, son cœur n'a pas pressenti, tout ce que Dieu a préparé à ceux qui l'aiment »[27].

Ceux qui sont ainsi très généreux dans l'abandon ont des réveils merveilleux. Après des jours de tempêtes et d'obscurité, quand Jésus soulève le voile et montre un peu ce qu'il a fait pour celui qui a cru (il ne le montrera pleinement que là-haut et ce sera notre ciel), quelle joie de pouvoir dire : « Oh ! que j'ai eu raison de croire ! j'ai cru et il a dépassé tout ce que j'espérais ».

On ne voyait que l'un après l'autre les chaînons de la chaîne sans voir comment ils se tenaient entre eux. Le jour où Jésus vous laisse entrevoir toute la chaîne d'or, la suite merveilleuse des événements, on le remercie, on le bénit.

Ce qui est incomparablement plus beau, c'est de le remercier, de le bénir avant de voir,

26. Mt 19, 29.

27. Co 2, 9.

ayant déchiré les apparences trompeuses par ces seuls mots : « Je ne vois pas, mais je suis sûr de vous, je crois parce que je sais qui vous êtes, je sais à qui je me suis confié. *« Scio cui credidi »*[28].

Au contraire, qui a été lâche, qui s'est plaint en récriminant et en cherchant à fuir l'épreuve, qui s'est révolté ou a crié : « Seigneur, Seigneur, sauve-moi », comme saint Pierre s'enfonçant dans la vague, se trouve couvert de confusion. Il entend Jésus lui dire : « Homme de peu de foi ! Tu as douté, tu as craint comme si je n'étais pas là ou comme si je ne t'aimais pas ».

Et cependant, là encore, il y a un remède, tant la miséricorde du Cœur de Jésus est grande. C'est, comme le faisait la Petite Thérèse, de lui offrir avec confiance d'avoir manqué de confiance ; avec paix d'avoir manqué de paix. Rien n'est irréparable avec Jésus.

Donc, la conclusion, c'est de le laisser faire. C'est lui le pilote. Les rameurs tournent le dos au but en ramant ; le pilote voit, lui, il conduit

28. 2 Tm 1, 12.

la barque. Ramons de toutes nos forces et laissons Jésus nous conduire au port.

Saint Bernard prêche la Croisade et la Croisade échoue. Saint Alphonse, saint Calasanz, la bienheureuse de Soubiran sont mis à la porte de la Congrégation qu'ils avaient fondée, par leurs propres religieux. Tant et tant d'exemples de ce genre au cours des siècles. Et l'échec du Calvaire. Jésus était venu sur la terre pour établir son Eglise. Il avait formé, avec tant de soins et de peine, ses apôtres pour en être les colonnes. A Gethsémani, tous ont fui. Au Calvaire, tous sont absents, sauf Jean, et le voilà, lui, mourant sur la Croix. C'était l'échec des échecs. Tout semblait absolument fini. Rappelez-vous la tristesse des disciples d'Emmaüs, parce qu'ils n'avaient pas assez de foi, malgré les Ecritures pour voir dans cet échec la merveilleuse victoire qu'il était en réalité : prélude de la Résurrection. Echec des échecs, c'était la victoire des victoires !

Voyons dans nos défaites quelles qu'elles soient la victoire de Jésus et donc la nôtre en lui, quand nous les acceptons dans la certitude qu'il les a permises par sagesse et par amour pour nous. On dit : « J'ai lutté, je me suis donné tant de mal, j'ai fait tant d'efforts pour arriver à quoi ? A rien... quelquefois à une bonne humiliation ». Le *Magnificat* que vous avez chanté dans votre déception, le « Merci pour tout » que vous avez dit dans votre humiliation est la plus belle de toutes les réussites, la plus féconde de toutes les victoires.

Si vous vivez cela, vous aurez l'héroïcité des vertus théologales, c'est-à-dire des plus hautes vertus. C'est une héroïcité dont Jésus sera le héros puisque sans lui nous ne pouvons rien faire[29]. « Jésus, soyez en moi le héros de l'héroïcité des vertus parce que moi je ne suis que faiblesse, misère et impuissance, mais je vous ai donné mon cœur, ma volonté, mon intelligence, alors faites-le. C'est pour cela que vous êtes venu sur la terre. Oui, pour faire vous-même en nous tout ce que vous nous demandez, selon la belle oraison : " Nous vous le demandons, Seigneur, prévenez nos actions en nous les inspirant, accomplissez-les en nous aidant afin que toutes nos prières et tous nos ac-

29. Jn 15, 5.

tes, commencés par vous, soient achevés par vous "[30] ».

Notre collaboration, c'est avant tout notre foi, notre espérance et notre amour, notre bonne volonté dans l'humilité, notre abandon dans la reconnaissance.

Le père de Caussade dans son beau livre sur l'abandon, aussi actuel aujourd'hui qu'il y a deux siècles, remarque que « Dieu parle encore aux âmes comme il leur parlait du temps où il n'y avait ni directeur, ni méthode de perfection. La fidélité à la volonté de Dieu faisait toute la spiritualité, on voyait que chaque moment amène un devoir à remplir avec fidélité et amour. Toute l'attention s'y portait successivement. L'esprit mû sans cesse par l'impulsion divine se trouvait tourné vers le nouvel objet qui s'offrait par Dieu, selon Dieu, à chaque moment.

« C'est ainsi que Marie se contenta de dire à l'Ange : *« Fiat mihi secundum verbum tuum »*, expression du plus simple abandon de l'âme à la volonté de Dieu, sous quelque forme qu'elle

30. Action de grâce après la messe.

se présentât. Ce « *Fiat voluntas tua* » que Jésus nous a appris à dire avec lui comme la plus parfaite des prières.

« Comme on sait que l'action divine comprend tout, conduit tout, fait tout, hors le péché, il est du devoir de la foi de l'adorer en tout, de l'aimer et de la recevoir à bras ouverts, avec joie et confiance, s'élevant en toutes choses au-dessus des apparences qui, par leur obscurité même, font triompher la foi.

« La volonté de Dieu est elle-même la meilleure part. Il n'y a qu'à la laisser faire et à s'y abandonner, à l'aveugle, avec une confiance parfaite. Voilà le grain de sénevé dont on ne recueille pas les fruits parce qu'on ne sait pas le reconnaître dans sa petitesse. Voilà la drachme évangélique, le trésor qu'on ne trouve pas parce qu'on le suppose trop éloigné pour le chercher.

« Ne me demandez pas quel est le secret de trouver ce trésor. De secret il n'y en a point. Ce trésor est partout. Il s'offre à nous en tout temps, en tout lieu. Les créatures amies et ennemies le versent à pleines mains et le font couler par toutes les facultés de nos corps et de nos âmes jusqu'au centre de nos cœurs. Ouvrons notre bouche et elle sera remplie. L'action divine inonde l'univers, elle pénètre toutes les créatures, elle surnage au-dessus d'elles : partout où elles sont, elle y est ; elle les devance, elle les accompagne et elle les suit ; il n'y a qu'à se laisser emporter par ses ondes.

« Que je désirerais, s'écrie enfin le père de Caussade, que je désirerais, ô mon Dieu, être le missionnaire de cette sainte volonté, apprendre à tout le monde qu'il n'y a rien de si aisé, de si commun, ni de si présent dans les mains de tous, que la sainteté »[31].

Faites souvent ce que j'appelle l'examen du « Merci pour tout, Jésus » qui doit être le fruit de votre disposition de volonté, de cœur et d'âme de bénir Jésus pour tout ce qu'il veut ou permet pour vous, pour tout ce qui vous arrive. Promettez-lui de lui dire « Merci pour tout » et toujours. Vous me direz : « Je vais faire cette promesse, mais je sais que je ne la tiendrai pas. Après une épreuve, une contradiction, une hu-

31. *L'Abandon à la Providence divine*, pp. 1, 109, 11, 7, 20 (Ed. Y. Gabalda).

miliation, tout à ma peine, je ne penserai pas à le dire, ou, si j'y pense, je n'en aurai peut-être pas le courage, ou encore, sentant ma nature révoltée, il me semblera que ce serait mentir que de lui dire merci ».

Eh bien ! promettez-lui, en même temps, de dire merci de n'avoir pas dit merci tout de suite. C'est encore une humiliation, un manque de courage, une misère à lui offrir avec humilité et confiance.

Dans cette prière courte et simple, il y a à la fois l'humilité, une immense confiance dans l'amour miséricordieux, l'abandon et l'action de grâce. Qu'elle est riche cette petite prière ! Comme elle glorifie Jésus et comme elle lui fait plaisir ! Chaque fois que vous la dites, elle raffermit votre disposition d'amour pour lui dans l'abandon total, elle vous enfonce dans son Cœur car elle chante son Amour pour vous. Elle n'est autre que le *« Gratias agentes semper pro omnibus »* de saint Paul[32]. Ce que saint Paul demandait aux Ephésiens, je peux bien vous le demander. J'ai connu des person-

32. Ep 5, 20.

nes pour qui cette prière est devenue la respiration de leur âme et qui sont ainsi montées très haut dans l'amour. « Merci pour tout, Jésus ». Si vous ne reteniez que cela de la retraite, ce serait une grande chose.

Ne croyez pas ceux qui pensent et disent que l'abandon n'est que pour les âmes avancées. Avancé ou non, j'ai été créé et mis au monde pour aimer Dieu qui m'a aimé le premier. « Celui qui m'aime, a dit Jésus, c'est celui qui aime ma volonté ». L'abandon n'est pas autre chose.

Durant ma longue vie sacerdotale, j'ai eu à conduire bien des âmes, hommes et femmes de tous âges, des enfants et des adultes ; de tous les milieux, intellectuels ou peu instruits ; âmes sacerdotales, âmes consacrées ; personnes de toutes classes, riches et pauvres. Toutes, je les ai trouvées ouvertes à cette doctrine, la recevant comme une terre au printemps boit la rosée du ciel.

On peut adapter cette doctrine aux diverses situations mais elle est toujours la même ; l'Evangile, dans sa divine simplicité, est pour tous. Il n'est pas une théorie ni une démonstration théologique, il est une vie.

« Je suis venu pour qu'ils aient la vie et qu'ils l'aient en abondance »[33].

« Je suis le Pain de vie »[34].

« Car la vie s'est manifestée : nous l'avons vue, nous en rendons témoignage et nous vous annonçons cette vie éternelle qui était auprès du Père et qui nous est apparue »[35].

33. Jn 10, 10.

34. Jn 6, 35.

35. 1 Jn 1, 2.

V

GRANDS DESIRS - HUMILITE - PAIX

Pour rendre amour pour Amour à Jésus, il faut être une âme de désir. Jamais rien de grand ne se fait sinon par les grands désirs. Ils sont le ressort, le moteur. S'ils manquent, tout est terne et sans vie. Désirs d'être non seulement bons mais des saints. Peut-être ne saurez-vous pas les exprimer avec ardeur, l'essentiel est que vous en soyez remplis.

Voyez comme dans les choses du monde, les choses de la terre, les désirs sont à la base des grandes réussites. Un commerçant qui veut gagner de l'argent fait ses plans, prépare sa publicité pour gagner davantage. Un peintre qui veut réussir à l'Exposition revient à son tableau, le retouche sans cesse. J'ai connu un très grand organiste qui, lorsqu'il préparait le concours du Conservatoire, passait des nuits entières à son pédalier. Le matin, il ne pouvait plus marcher pour regagner son lit.

Que ne fait-on pas pour avoir une décoration ? Que de démarches, que de compromissions parfois. Tout cela pour une fortune passagère, pour une jouissance fugitive, pour la gloire d'un moment, une fumée.

Et vous, appelés à partager la vie intime de la Sainte Trinité, à connaître Dieu comme il se connaît, à l'aimer comme il s'aime, vous vous traîneriez dans l'indifférence... Que ce serait triste ! La routine, la terrible routine est fille de l'apathie.

Pour sortir de la médiocrité, de la tiédeur, renouvelez vos désirs. « Si quelqu'un a soif, qu'il vienne à moi et qu'il boive, celui qui croit en moi, de son sein couleront des fleuves d'eau vive »[1]. « A celui qui a soif, moi, je lui donnerai, gratuitement, de la source de vie »[2].

Oh ! dites-lui que vous avez soif, soif de lui ! Le grand commandement : « Tu aimeras ton Dieu de tout ton cœur, de toute ton âme, de

1. Jn 7, 37.

2. Ap 21, 6.

tout ton esprit et de toute ta force »[3] n'est pas réservé aux trappistes ou aux carmélites, il est pour tous.

Là encore, c'est le Maître qui nous a donné l'exemple. Il a été, lui, le premier, l'homme de désirs. *« Desiderio desideravi »*[4] : « J'ai désiré d'un immense désir manger cette Pâque avec vous ». *« Sitio »* : J'ai soif, soif de vos âmes, soif de vos cœurs, soif de votre sanctification. Vous que j'ai comblés, étanchez ma soif d'amour par votre soif de m'aimer. Je suis venu apporter le feu sur la terre et comme je désire qu'il brûle »[5].

Que votre désir de l'aimer, de ne faire qu'un avec lui, réponde à son désir, à lui, d'être à vous.

Les saints qui sont montés très haut dans le ciel y sont montés sur les ailes des grands désirs. Sainte Marie-Madeleine de Pazzi eut un jour la vision de la gloire de saint Louis de Gonzague. Elle s'étonnait : « Comment ce petit

3. Lc 10, 27.
4. Lc 22, 15.
5. Lc 12, 49.

jeune homme a-t-il pu monter si haut parmi les Séraphins ? » Il lui fut révélé qu'il avait atteint cette gloire parce que, durant sa courte vie, il s'était consumé de désirs d'aimer Dieu et d'être un saint.

D'ailleurs désirer aimer, c'est déjà aimer, un grand désir d'aimer est déjà un grand amour. De même que Jésus disait à saint Augustin : « Tu ne me chercherais pas si tu ne m'avais déjà trouvé ». Il vous dira : « Tu n'aurais pas ce grand désir de m'aimer si tu ne m'aimais déjà ». Il ne peut pas ne pas exaucer, et au-delà même de nos plus grandes espérances, un désir que lui-même nous a inspiré.

En même temps que ces grands désirs, ayez un sentiment profond, convaincu, sincère de votre faiblesse et de votre impuissance. Vous me direz : « Vous voulez que nous volions très haut dans le ciel de l'Amour divin et la première chose que nous devons faire, c'est de constater que nous n'avons pas d'ailes ». Allez-vous vous désoler, vous désespérer ? Beaucoup le font.

Que d'âmes j'ai rencontrées ayant éprouvé ces beaux enthousiasmes qui, en constatant leur faiblesse, leur médiocrité apparente, leur peu de progrès, se sont peu à peu laissées envahir par le découragement. Et de se dire : « La sainteté n'est pas pour moi. Je le croyais, je le voulais mais il faut déchanter ». Et le diable, le grappin profite de cette abdication pour vous faire renoncer à la lutte et briser chez vous tout élan.

Ne tombez pas dans ce piège du grappin, au contraire, renouvelez vos désirs avec cette immense confiance que je vous ai prêchée dans les premières conférences, les renouvelant sur la base d'une profonde humilité.

Dans un de ses discours adressés à Lisieux[6] Pie XII disait : « Nous voudrions, en quelques mots, interpréter la ferveur et l'admiration de tous envers sainte Thérèse de l'Enfant-Jésus. Si la divine Providence a permis l'extraordinaire diffusion de son culte, n'est-ce pas parce qu'elle a transmis et transmet toujours au monde un message d'une étonnante pénétration spirituelle, un témoignage unique d'humilité, de confiance et d'amour ? » et parlant du message d'humilité le Saint-Père ajoute :

6. Juillet 1954.

« Après avoir vécu silencieuse et cachée, voici qu'elle s'adresse à toute l'humanité, aux riches et aux pauvres, aux grands et aux humbles. Elle leur dit avec le Christ : " Entrez par la porte étroite, car large et spacieux est le chemin qui mène à la perdition ; il en est beaucoup qui le prennent, mais étroite est la porte et resserré le chemin qui mène à la vie, et il en est peu qui le trouvent "[7] ».

Vous serez peut-être étonnés qu'après vous avoir prêché la confiance qui élargit tellement l'âme et dilate le cœur, je vous parle de porte étroite au sujet de la petite voie. Mais écoutez le Saint-Père : « La porte étroite, en vérité, mais accessible à tous, est celle de l'humanité ». Le chemin étroit, la porte étroite, c'est de redevenir comme des enfants.

A ses disciples qui lui demandaient qui était le plus grand dans le Royaume des Cieux, Jésus, appelant un petit enfant et le plaçant au milieu d'eux, répond : « Si vous ne retournez pas à l'état des enfants, vous ne pourrez entrer dans le Royaume des Cieux. Qui donc se fera

7. Mt 7, 13.

petit comme ce petit enfant-là, voilà le plus grand dans le Royaume des Cieux »[8].

Que sommes-nous ? De faibles créatures, pires que le néant parce que pécheurs. Nous avons tout reçu. Dieu nous a créés et, encore, il doit nous maintenir dans l'être parce que, s'il nous oubliait un instant, de nous-mêmes nous retournerions au néant.

Si l'orgueilleux pouvait voir à quel point, en même temps que coupable, il est ridicule quand il lance son défi à Dieu ! Un petit vaisseau qui se rompt dans notre cerveau, et nous voilà partis.

Vis-à-vis de Dieu nous n'avons aucun droit et cependant que ce mot vient facilement sur nos lèvres : mes droits. Nous avons une soif d'égards qui n'est jamais assouvie. Ces vérités si évidentes nous restent pratiquement cachées. La raison droite les saisit, mais dans l'exercice habituel de nos pensées, aveuglés que nous sommes par nos passions, nos intérêts, l'amour de nous-mêmes, nous oublions notre absolue dépendance de créatures. C'est

8. Mt 18, 1 à 4.

que l'on ne regarde pas ce qu'on n'aime pas voir. On n'aime pas ces vérités et cependant, quand on les regarde en face avec les yeux du divin Maître, quelle paix on y trouve !

Les saints ont su faire leur bonheur de l'humilité et des humiliations, car humilité et amour des humiliations, c'est tout un. Je parle, évidemment, d'un amour de pure volonté, car ce n'est pas notre nature qui les recherchera, qui les aimera. Notre nature les déteste.

Pour moi, il n'y a rien qui nous répugne davantage, qui ait un goût de mort comme l'humiliation ; vraiment un goût de mort puisque c'est elle qui nous fait mourir à nous-mêmes. Elle nous tue en nous rapetissant aux yeux des autres et à nos propres yeux.

Le mépris, et l'oubli encore plus que le mépris, que c'est dur à accepter ! Etre laissé de côté comme quantité négligeable, l'idole du moi obligée de baisser la tête : il faut avaler ce fiel amer. Mais dans ce goût de mort pour la nature, il y a un goût de vie divine, parce que c'est dans la mesure où nous mourons à nous-mêmes que nous vivons en Dieu, que Jésus prend toute la place en nous.

Saint François d'Assise imagine qu'en arrivant au monastère, avec le petit frère Léon, ils ne seraient pas reçus, que le portier ne leur ouvrirait pas, qu'il les laisserait dehors dans la neige, pire que cela, qu'il les chasserait à coups de bâton ; il disait au petit frère : « Alors ce serait la joie parfaite ! » Et ce n'est que peu de chose auprès de ce que j'appellerais la bastonnade de l'âme : les manques d'égard, les ironies, les injustices de ceux avec qui nous vivons, que nous aimons et qui nous humilient quand même, bien souvent sans le vouloir.

Depuis le péché originel nous sommes tous des orgueilleux. Nous voulons dominer, nous voulons commander, nous voulons être appréciés, nous voulons être applaudis. Le mépris et l'oubli nous laissent une profonde tristesse, une cruelle amertume dans l'âme.

Les apôtres, à la dernière Cène, après trois ans de vie auprès de Notre-Seigneur, se disputaient encore pour savoir lequel d'entre eux était le plus grand[9].

Quel contraste avec Jésus ! Nous parlions de ses folies d'amour. Pourquoi folies d'amour ?

9. Lc 22, 24.

Parce que folies d'humilité et d'anéantissement.

Bethléem : le Dieu infini, petit enfant sur la paille d'une crèche. Nazareth : un Dieu indigent, un Dieu apprenti-ouvrier. Et quand ses proches, les siens, le traitaient d'illuminé ! Il était avec ses apôtres comme celui qui sert et non comme celui qui est servi. Le lavement des pieds : Jésus à genoux devant Judas, lavant humblement et soigneusement les pieds de Judas. Gethsémani : quand il paraît devant son Père couvert de tous les péchés des hommes. La robe de parade dont le revêt Hérode par dérision. Barrabas préféré à lui. La montée accompagné des deux larrons, Dieu mis au rang des malfaiteurs. L'ironie cruelle quand il est sur la croix : « Il sauve les autres et il ne peut se sauver lui-même. Descends si tu peux ! » Et enfin le Tabernacle jusqu'à la fin des temps.

Je vous assure que cela vous aide, plus que tout, quand on est soi-même délaissé, mal jugé, calomnié, rejeté, de penser à ses humiliations à lui. Lorsque vous êtes sous le coup d'une humiliation, pensez aux siennes. Il n'était pas obligé de passer par là, mais il savait combien cela nous serait dur d'être humilié, alors il a voulu, lui, le premier, nous montrer la route, pour pouvoir nous dire : là où je suis passé, vous pouvez passer aussi, à ma suite. D'autant que nous n'y passons pas à sa suite mais portés par lui.

Il était l'innocence et la pureté infinies ; nous, nous sommes tous coupables. Quelle que soit l'injustice qui tombe sur nous, nous pouvons toujours nous dire que nous l'avons méritée, sinon dans le moment présent, puisque c'est une injustice, du moins par nos fautes passées.

Vivre cela d'une façon pratique, voilà le difficile : ne pas réclamer, ne pas se froisser, ne pas se plaindre. Quel programme dans ces trois mots : ne pas se plaindre. Sous prétexte de dignité, de justice, que d'accrocs à l'humilité ! La plupart des heurts, des froissements, des rancunes, des aigreurs dans la vie en commun viennent de cette hantise de nos droits, de ce besoin d'égards, si fortement intégrés à notre moi. Qui se met franchement à la dernière place n'est pas étonné quand les autres l'y mettent. « Tout homme qui s'élève sera abaissé et celui qui s'abaisse sera élevé »[10].

Si l'on savait tout ce que l'on gagne dans les humiliations, on en aurait soif. D'ailleurs il n'y a que les disciples de Jésus qui puissent être humbles. Il n'y a pas d'humilité sans sa grâce. Cela n'existe pas sur la terre parce que c'est trop contraire à notre nature blessée par le péché d'orgueil. « Il résiste aux superbes »[11], parole terrible. Mais il se livre, il se donne totalement aux humbles et aux petits, il se met à leur merci. Non seulement il ne leur résiste pas, mais il ne peut rien leur refuser comme à la cananéenne[12].

Et voilà sa préférence pour les pauvres, les disgraciés, les indigents, les nécessiteux, généralement plus humbles. Sa préférence pour un Curé d'Ars, pour une petite Bernadette qui disait que si la Sainte Vierge avait trouvé à Lourdes une enfant plus pauvre et plus ignorante qu'elle, c'est celle-là qu'elle aurait choisie. De

10. Lc 14, 11.

11. 1 P 5, 5.

12. Mt 15, 28.

même à La Salette, à Pontmain, à Fatima. Saint Pie X, écolier, allait pieds nus de chez lui en classe, ses souliers sur l'épaule, pour ne pas les user...

« Je te bénis, Père, Seigneur du ciel et de la terre, d'avoir caché cela aux sages et aux habiles et de l'avoir révélé aux tout-petits »[13]. On sent que ce cri de Jésus part du plus profond de son cœur. Saint Luc nous dit qu'à prononcer ces mots : « Il tressaillit de joie sous l'action de l'Esprit-Saint ». Il a vu d'avance, à ce moment, l'armée des petites âmes, la merveilleuse armée des « tout-petits » appelés à reconquérir le monde à son Cœur : *« Revelasti parvulis »*.

L'humble réalise qu'il ne fait rien de bien dans l'ordre surnaturel par lui-même ; les applaudissements lui font mal, il lui semble que c'est un vol. Tout le bien vient du Roi bien-aimé ; de son propre fond : le mal ; c'est justice et vérité. Il le pense avec joie et paix. Avec la même simplicité, songeant aux grâces qu'il a reçues, il dira : *« Fecit mihi magna qui potens*

13. Lc 10, 21.

est »[14]. Moi, je ne peux rien, mais celui qui peut tout a fait en moi de grandes choses.

« Restons bien loin de tout ce qui brille, écrivait Petite Thérèse, aimons notre petitesse, aimons à ne rien sentir, alors nous serons pauvres d'esprit et Jésus viendra nous chercher, si loin que nous soyons, il nous transformera en flammes d'amour !... »[15].

L'humilité est un abîme qui attire des torrents de grâces, qui attire Jésus lui-même dans une âme. Il n'a pas pu résister à l'humilité de l'enfant prodigue, du bon larron, de la cananéenne. Le vide que fait en nous l'humiliation bien reçue est un vide qui l'attire irrésistiblement. Il se penche sur celui qui aime sa petitesse et son néant. Il se penche sur lui avec un indicible Amour.

Alors soyez humble. Humble devant Dieu. Tout est don de sa part, don gratuit. Après les plus belles générosités, vous pouvez dire en vérité : « Je suis un serviteur inutile »[16].

Humble avec l'autorité qui représente Dieu sur la terre. Humble en face de vous-même.

14. Lc 1, 49.

15. Lettre du 17 septembre 1896.

16. Lc 17, 10.

Souvent nous nous désolons de ce qui sera la cause de notre bonheur éternel là-haut.

Que de femmes se sont perdues à cause de leur beauté physique ! Que d'hommes à cause de leur intelligence brillante, de leur talent ou de leur éloquence ! J'y pense quand je rencontre une personne disgraciée qui, tout au long de sa vie, ne voit jamais se poser sur elle un regard d'admiration ou d'intérêt parce qu'elle est laide ou infirme. Et moi, je la regarde et je me dis : qu'elle sera belle au ciel ! Si elle pouvait voir le regard de tendresse de Jésus sur elle justement parce qu'elle est comptée pour rien par ceux pour qui, seuls, comptent les succès de ce monde. Si elle a su accepter avec foi et amour ce que Dieu a choisi pour elle, quelle gloire là-haut ! Que lui sembleront alors ces quelques années qu'elle aura passées sur la terre, délaissée ? Une bien petite épreuve comparée à la splendeur dont elle brillera dans l'éblouissement d'un paradis sans fin. « Les derniers seront les premiers »[17]. Opium du peuple ? Non, divine et éternelle réalité.

17. Mt 20, 16.

Cela ne veut pas dire que ceux qui ont reçu des dons naturels ne doivent pas s'en réjouir. Ces dons font partie de notre prédestination ; ils sont dans le plan d'Amour de Dieu sur nous. De grands saints en ont été comblés. Saint Augustin, saint Thomas furent des génies. Sainte Thérèse d'Avila était belle, une merveille de grâce naturelle et d'esprit. Saint François de Sales, un être exquis par la finesse de son intelligence, la délicatesse de son cœur et de ses manières. Mais je pense que ces dons leur servirent surtout à remplir leur mission spéciale dans l'Eglise, et qu'ils furent saints dans la mesure où ils en ont réalisé la gratuité et donc leur pauvreté foncière. Saint Thomas considérait toute son œuvre théologique comme « de la paille ».

Etre humble en acceptant ses insuccès. La griserie des louanges, de l'encens, tourne la tête quelquefois jusqu'au vertige. Quand tout réussit, qu'on ne reçoit que des applaudissements, comment ne pas se croire quelque chose ou quelqu'un ? C'est le danger des situations élevées. Donc bénir l'humiliation qui dégrise et qui sauve. Etre humble en acceptant ses erreurs. Savoir dire : « Je me suis trompé ». Cela n'est pas facile, cela coûte. Savoir se méfier de soi-même, demander conseil et en même temps ne pas se préoccuper de l'opinion des créatures, du « qu'en dira-t-on ? » Neuf fois sur dix on agit en se disant : « Que va-t-on penser ? Que va penser tel ou telle si je fais cela ? » et non « Que va penser Jésus ? »

J'ai souvent vu des âmes paralysées par une petite humiliation. Celui-ci n'accepte pas un coup d'épingle, celui-là ne supporte pas une contradiction et des abîmes se créent ainsi entre les âmes. Chacun se renferme dans sa révolte et l'amertume se répand dans le cœur.

Une autre conséquence de l'amour-propre froissé, c'est le dépit. A force de tomber, de se voir par terre, au lieu de reconnaître simplement sa faiblesse et son impuissance, et de rester en paix, on conclut : « Je n'arriverai jamais, je renonce, c'est inutile ». C'est du dépit. Le vrai petit ne s'étonne pas de trébucher. Il tombe et se rélève sans se lasser, chaque fois plus décidé à atteindre son but.

Une forme ravissante de l'humilité, c'est la simplicité. Elle fait le charme de ceux qui savent se mettre à leur place et ne pas se grandir indûment à leurs propres yeux. Avez-vous remarqué que dire de quelqu'un qu'il est simple est un éloge qui vient comme couronner tous les autres. « Voilà un homme de valeur, dira-t-on. Quelle intelligence, quelle érudition, quelle autorité et... il est si simple ! ».

La simplicité crée une ambiance agréable pour tous, met à l'aise, rallie les cœurs. C'est qu'elle suppose un véritable oubli de soi. La simplicité du pape Jean XXIII explique, en grande partie, son étonnant rayonnement mondial. « Bienheureux les doux car ils possèderont la terre »[18]. Un thème de méditation inépuisable, c'est la simplicité de la Sainte Famille ; de Jésus, de Marie et de Joseph.

Au chapitre de l'humilité se rattache l'esprit d'obéissance dont je tiens à vous parler, car il n'est pas réservé aux religieux et aux religieuses. C'est la grande leçon de Jésus, c'est donc une leçon pour tous.

Que voyons-nous à l'origine de cette folie d'Amour qu'est l'Incarnation ? L'obéissance :

18. Mt 5, 4.

« Ecce venio ut faciam, Deus, voluntatem tuam » : « Voici, je viens pour faire, ô Dieu, ta volonté »[19].

Dans la consommation même de la Rédemption, que trouvons-nous encore ? L'obéissance *« Factus obediens usque ad mortem »* : « Il s'est fait obéissant jusqu'à la mort »[20].

Si nous interrogeons avec avidité l'Evangile pour savoir ce que fut, pendant trente ans, la vie de Dieu incarné sur la terre, nous trouvons la réponse en trois mots : *« Erat subditus illis »* : « Il leur était soumis »[21]. Assis sur la margelle du puits de Jacob, il disait à ses disciples : « Ma nourriture est de faire la volonté de Celui qui m'a envoyé »[22]. Quelle parole forte : « Ma nourriture... ».

Le Verbe s'est incarné, il a répandu tout son sang jusqu'à la dernière goutte pour nous sauver. Oui, mais avant cela, pour obéir à son Père. Et par cette obéissance d'amour, réaliser l'immolation de son sacrifice.

19. He 10, 7.

20. Ph 2, 8.

21. Lc 2, 51.

22. Jn 4, 34.

« Si quelqu'un veut venir à ma suite, qu'il renonce à lui-même, qu'il prenne sa croix et qu'il me suive »[23]. « Si le grain ne meurt il ne porte pas de fruit »[24].

Qu'avons-nous en nous-mêmes de plus intime ? Notre volonté propre, voilà le centre de notre moi. Mourir à soi-même, se renoncer, c'est mourir à ce à quoi nous tenons le plus : notre volonté propre. C'est l'obéissance seule qui peut réaliser en nous cette crucifixion et cette libération. Psichari disait : « Nous sommes de ceux qui brûlent d'obéir, afin d'être libres ».

Obéissance à Dieu, à la sainte Eglise, à la hiérarchie. Mais saint Paul entre dans d'autres précisions : « Que les femmes soient soumises à leur mari... Enfants, obéissez à vos parents, serviteurs, obéissez à vos maîtres »[25]. Il donne le grand motif surnaturel de cette soumission : que les femmes voient dans leur mari, les enfants dans leurs parents, les serviteurs dans

23. Mt 16, 24.

24. Jn 12, 24.

25. Ep 5 et 6.

leurs maîtres, le Seigneur lui-même. Puis il se hâte de recommander aux maris d'aimer leurs femmes comme le Christ aime l'Eglise ; aux parents de ne pas exaspérer leurs enfants ; aux maîtres de laisser de côté les menaces et de se rappeler que le Maître, qui est dans les cieux, est leur maître à eux aussi. Relisez ces chapitres V et VI de l'épître aux Ephésiens, si merveilleusement pratiques.

Une chose certaine, c'est que Dieu n'a pas pu ne pas donner à ses créatures le chemin pour aller à lui, à savoir la vraie religion.

Avec autant de certitude on peut dire que ce chemin est sûr. Comment ce chemin du salut qu'est l'Eglise est-il sûr ? Par l'obéissance à l'autorité extérieure.

Dieu nous parle de deux manières : à l'intime de l'intelligence, à l'intime du cœur par des lumières intérieures, par des touches de sa grâce, de bonnes inspirations, de saints désirs et il nous parle extérieurement par l'autorité visible. S'il y a conflit entre les deux, qui doit dominer ? Quelle sera la vraie volonté de Dieu ? Toujours et partout la parole de l'autorité extérieure.

Toute la sécurité des enfants de l'Eglise vient de là. A première vue, il semblerait qu'il vaudrait mieux obéir à une voix intérieure qui serait la voix directe de Dieu. Il n'en est pas ainsi. Et le miracle est bien plus grand que si Dieu avait décidé de nous guider directement. Il ne l'a pas voulu, sans doute pour que nous vivions davantage de foi. Ainsi les choses ont l'air d'aller humainement ; elles n'en sont que plus divines.

Qu'elle est admirable cette toute-puissance de Dieu qui, tout en respectant la liberté de chacun ne permettra jamais qu'un acte de soumission à un intermédiaire désigné par lui vous soit préjudiciable.

Cette humilité, cette soumission, c'est Jésus qui vous les donnera dans la mesure où vous les désirerez et où vous les lui demanderez, avec confiance, dans vos prières.

Qu'une conférence comme celle-ci ne puisse en rien vous décourager en vous faisant dire : « J'ai tant d'amour-propre, je ne suis pas soumis, j'ai tout le temps des pensées d'orgueil, je me surprends sans cesse à me préférer aux autres. Je tiens à ma volonté. Dans tout ou presque tout ce que vous dites de l'homme imbu de lui-même, je me suis reconnu. Ce que vous dites qu'il ne faut pas être, je le suis ».

J'entends, je devine ces plaintes de votre nature. Elles sont justes ; elles vous plongent dans une profonde vérité, celle de votre misère ; elles vous mettent en face de cette nature, blessée par le péché de nos premiers parents quand ils ont voulu être « comme des dieux »[26]. Grave blessure faite par l'orgueil et le refus de l'amour.

Mais c'est ici qu'il faut vous rappeler ce que je vous ai déjà dit, que c'est le consentement qui fait le péché. Avoir une nature orgueilleuse et être un orgueilleux, ce n'est pas la même chose. Encore une fois, le véritable orgueilleux, c'est celui qui se complaît dans son orgueil, qui n'y voit pas de mal, qui pense qu'il n'a pas besoin de la miséricorde et qui la refuse. Ce n'est pas votre cas à vous qui n'y consentez pas et surtout qui croyez en Jésus qui répare, qui purifie, en Jésus qui ne permet le mal que pour en tirer un plus grand bien, en Jésus qui guérit et qui sauve, en Jésus qui vous aime.

26. Gn 3, 5.

Ce peut être une humiliation très féconde, celle de constater son orgueil sans y consentir.

Qu'est-ce qui couronnera cette humilité, cette confiance, cet abandon que je vous ai prêchés jusqu'ici ? La paix que Jésus est venu apporter sur la terre.

Elle fut son tout premier don aux hommes. Comme il ne parlait pas encore, dans son impatience de nous faire ce don de son Cœur, il envoie ses anges annoncer une joie sans pareille qui sera celle de tout le peuple. « Un sauveur vous est né, vous trouverez un enfant. Gloire à Dieu au plus haut des cieux et paix sur la terre aux hommes de bonne volonté »[27].

Ce fut son premier don d'amour. Ce fut son dernier. A la Cène, avant de quitter ses apôtres. Il la leur laisse en héritage : « Je vous laisse la paix, je vous donne ma paix »[28]. C'est son testament.

Cette paix accompagne la fidélité à la grâce, la fidélité à la confiance, elle fait la douceur de votre intimité avec Jésus. Perdre confiance,

27. Lc 2, 10 à 14.

28. Jn 14, 27.

c'est se retirer de ses bras, c'est du même coup perdre la paix.

Elle a pour fruit le calme surnaturel. Le grappin pêche en eau trouble. Qui se laisse troubler ne voit plus clair, trébuche, s'affole, ne juge plus avec justesse. On peut être très secoué, très bouleversé, que ce soit à la surface seulement, le fond de l'âme doit rester tranquille comme l'est toujours le fond de l'océan, même par les plus grandes tempêtes.

Pleurez dans un deuil, dans un malheur, mais pleurez dans la paix. Vous pouvez tout perdre mais vous n'avez pas le droit de perdre votre paix.

Paix dans les échecs de votre vie spirituelle, paix dans les échecs de votre apostolat. Vous vous dépensez, vous vous dévouez, vous vous tuez, pour arriver souvent au résultat le plus décevant. Vous semez, d'autres moissonneront. Vous moissonnerez au ciel. Pas d'échec pour l'apôtre qui sait attendre l'heure de Jésus, même si celle-ci doit sonner après sa mort. Un vieux prêtre avait semé dans l'épreuve, dans les larmes et aussi dans la confiance envers et contre tout. Il meurt sans voir les fruits de son labeur et de ses prières. Un jeune le remplace à qui tout réussit. Les gens disent : « Voilà enfin le prêtre qu'il nous fallait ! » sans se douter qu'il ne fait que récolter ce que l'autre avait semé.

La paix a pour fruit encore l'équilibre de l'âme, les âmes de paix ne sont pas pessimistes ni neurasthéniques. Elles n'ont pas un optimisme béat, mais un optimisme sage et légitime, basé sur le Cœur de Jésus, car elles savent qu'il n'arrive que ce que Dieu veut et que pour celui qui vit de foi, tout est grâce, tout est amour. L'humeur égale, l'indulgence, la bonté, la sérénité ne s'épanouissent que dans la paix.

Remarquez que ce n'est pas en vous retirant les tentations et les luttes que Notre Seigneur vous y gardera. Saint Paul l'avait cru quand, après avoir été ravi au troisième ciel, il fut souffleté par un ange de Satan pour qu'il ne s'enorgueillisse pas et que, par trois fois, il pria pour en être délivré. Mais Jésus lui répondit : « Ma grâce te suffit »[29]. Ailleurs il s'écrie : « Je ne fais pas le bien que je veux, je fais ce que je

29. 2 Co 12, 9.

hais… qui me délivrera de ce corps de mort ? »[30]. Et il n'en est pas délivré.

Pensez que la grâce de Jésus vous suffit et qu'elle ne vous manquera jamais. C'est si important de retrouver le calme bien vite après chaque chute. Un regard vers lui, vous lui dites : « Jésus, une larme de vos yeux, une goutte de votre sang sur mon âme et la voilà toute purifiée et me voilà en paix ». « Nous savons, dit saint Paul, qu'avec ceux qui l'aiment Dieu se sert de tout pour leur bien »[31]. « Même de leurs péchés », ajoute saint Augustin.

Le trouble, la tristesse, l'amertume après une faute viennent souvent de l'amour-propre froissé. On regrette moins la faute comme péché que parce qu'elle vous humilie. Paix ne veut pas dire nécessairement joie sentie. Mais c'est le bonheur de l'âme qui se sait là où elle doit être et qui ne demande rien d'autre que ce qu'elle a, qui est toujours joyeuse parce que Jésus, qui est toute sa joie, est toujours avec elle.

« Ma grâce te suffit ». La vie de la grâce est un commencement de la vie de la gloire. *« Gra-*

30. Rm 7, 24.

31. Rm 8, 28.

tia semen gloriae ». C'est dans la divine paix dont Jésus nous a fait don que l'on commence son ciel ici-bas. Sur la terre, l'unique bonheur est là. Le monde rétrécit le cœur sans le remplir jamais. Jésus l'agrandit tous les jours et le comble sans cesse.

D'ailleurs cette paix rayonne sur la physionomie de ceux qui sont unis à Dieu, de ses saints. C'est quelque chose de calme, de reposant, comme un beau lac sans rides. C'est une vraie prédication que cette sérénité intérieure qui apparaît extérieurement, car c'est une grande gloire pour Jésus que ces serviteurs les meilleurs soient si tranquilles, si heureusement paisibles sous son regard, dans le rayonnement de son Cœur.

C'est un devoir pour vous de répandre autour de vous cette paix douce et joyeuse à la fois ; mais, ainsi que le remarquait finement Petite Thérèse, « non pas comme des juges de paix, mais comme des anges de paix »[32].

Ici encore l'Hostie nous parle. Le silence vivant de l'Hostie nous prêche une paix céleste.

32. H.A., p. 284.

Jésus a besoin, je dis bien, besoin de la trouver au moins dans les cœurs de ses amis, puisque c'est l'héritage que nous avons reçu de lui. Il la trouve si peu !

Malgré les adjurations des papes et des évêques, malgré les efforts plus ou moins désintéressés de certains chefs d'Etat, malgré les organisations internationales, c'est la guerre partout. Et la cause profonde de ces discordes, c'est l'orgueil des nations et des hommes. Chacun de nous en est, en partie, responsable, car c'est par les cœurs de ceux qui l'aiment et qu'il aura rempli de sa divine paix, « choisissant les faibles pour confondre les forts »[33] que Jésus la rayonnera dans le monde. Le premier moyen de travailler pour la paix du monde, c'est de laisser Jésus l'établir dans nos âmes.

33. 1 Co 1, 27.

VI

LA CHARITE FRATERNELLE

Une seule fois dans l'Evangile, Jésus fait précéder son enseignement d'une affirmation très forte : *« Discite a me »*, « Apprenez de moi ». Quelle va donc être la grande leçon ? Que va-t-il nous apprendre de tout à fait primordial ? « Apprenez de moi que je suis doux et humble de cœur »[1]. Venez à mon école. Je suis le modèle. De ce modèle, que devez-vous avant tout reproduire ? La douceur et l'humilité.

Douceur et humilité ne font qu'un. La douceur est la fleur de l'humilité. Si vous êtes humble, Jésus sera en vous et vous rayonnerez sa douceur à Lui sur le cher prochain.

Pour être humble, doux et charitable, il faut commencer par aimer Jésus. Aimez-le, lui

1. Mt 11, 29.

d'abord, d'un immense amour, puis lisez, dans ses yeux et dans son cœur, ce que vous devez être pour les autres qui, en somme, ne sont pas « les autres » puisqu'ils sont, comme vous, membres de son corps mystique ou tout au moins appelés à l'être.

Il est dit que saint Jean à la fin de sa vie ne répétait qu'un seul sermon, inlassablement : « Aimez-vous les uns les autres ». Comme je le comprends ! Ce qu'on ne dit pas mais dont je suis sûr, c'est qu'il ajoutait, lui, l'obsédé de Jésus et de l'amour : « Pour vous aimer, aimez le Seigneur, plongez-vous dans son cœur et puisez dans cet abîme de charité l'amour des autres ».

S'il y a deux commandements, quant à l'amour, le deuxième, d'aimer le prochain, ne fait qu'un avec le premier, d'aimer Dieu « de tout son cœur, de toute son âme, de tout son esprit et de toute sa force »[2].

La grande prière de Jésus à son Père, à la dernière Cène, « qu'ils soient un, comme nous sommes un, moi en eux et toi en moi », fut en

2. Mc 12, 30.

même temps un commandement d'amour, d'une portée indicible : « *Ut unum sint* »[3]. Unité des collectivités mais tout d'abord unité de chaque âme avec Jésus et, en lui, avec le Père.

Pour réaliser cette unité, il faut beaucoup de charité dans la vie commune, laquelle est une occasion sans cesse renouvelée de la pratiquer en vous oubliant vous-mêmes, en préférant les autres à vous-mêmes.

N'allez pas dire : « Je voudrais être ermite, je commettrais beaucoup moins de fautes contre la charité ». Profitez au contraire de la vie en commun pour vous bonifier et vous sanctifier. Vous êtes, sans le vouloir, des instruments excellents à vous humilier les uns les autres, à vous mortifier. Aimez-vous, non pas malgré cela, mais à cause de cela.

De même que la force se perfectionne dans la faiblesse, la charité se perfectionne dans les tentations contre la charité. L'occasion ne fait pas l'homme, elle montre ce qu'il est. Ce serait facile d'être patient, s'il n'y avait aucune occasion d'impatience. Je vous ai beaucoup parlé d'abandon. Il repose avant tout sur l'obéis-

3. Jn 17, 22.

sance. Il doit aller plus loin ; il doit aller jusqu'à accepter, le sourire de volonté aux lèvres, les coups d'épingles, les épines, les contradictions qui vous viennent, tous les jours et bien souvent par jour, de vos proches. Vous avez là une mine d'or à exploiter avec beaucoup de sacrifices.

Tous, vous avez des qualités, de grandes qualités. N'êtes-vous pas les merveilles de la création faites à l'image de Dieu. Tous, vous êtes des chefs-d'œuvre de son amour, blessés, défigurés par le péché, mais refaits plus beaux qu'avant par le Rédempteur, et à quel prix ! Vous qui êtes ici rassemblés par lui, vous êtes aimés, chacun d'un grand amour de prédilection.

Elevez vos pensées jusque-là quand vous regardez vos frères. Pensez à leurs âmes et voyez surtout leurs qualités. Demandez dans vos prières à voir la beauté des âmes qui vous entourent. Une âme en état de grâce est la demeure du Père et de Jésus, le temple du Saint-Esprit ; elle participe à la vie intime des trois personnes divines. Si je pouvais en voir la splendeur, je mourrais d'une telle vision. Seigneur, augmentez ma foi pour que, ne m'arrêtant pas à l'écorce, je sache contempler à travers elle ces divines réalités. « Seigneur, faites que je voie »[4].

Je n'aime pas mon prochain seulement pour l'amour de Dieu, comme on dit, je l'aime lui-même et j'ai pour lui un immense respect. Nous avons une tendance à nous hypnotiser sur les défauts de ceux qui nous entourent. Cela se comprend : ce sont les défauts qui nous font souffrir et cette souffrance nous les rappelle sans cesse. Et moi, n'ai-je pas des défauts bien pires ? Toujours la paille et la poutre[5]. Les défauts sont laids. Pourquoi ne pas regarder les vertus qui sont belles ? Je vous disais que vous deviez vous appliquer à voir les choses avec les yeux de Jésus, comme il les voit, à aimer ce qu'il aime.

Que voit Notre-Seigneur dans nos actes ? L'intention qui nous fait agir. C'est elle qui donne le prix à nos actions. Or les bonnes intentions des autres nous échappent si souvent. Ne jugez pas des intentions. Je vous l'avoue, il

4. Lc 18, 41.

5. Lc 6, 41.

m'est arivé, ayant prêté une mauvaise intention à quelqu'un, d'avoir eu ensuite la preuve nette et claire que je m'étais trompé, qu'il avait tout autre chose en vue que ce que je pensais. Quelle leçon ! Prêtez tant que vous le pourrez – je dis ceci parce que, parfois, le contraire crève les yeux – tant que vous le pourrez prêter de bons sentiments à votre prochain. Ne mettez pas une étiquette définitive sur l'un ou sur l'autre, comme s'il n'y avait pas de correction possible. Gare aux étiquettes définitives ! Surtout avec les enfants. Si vous êtes tentés de vous préférer aux autres, vous pouvez toujours penser : si tel ou tel avait reçu les grâces que j'ai reçues, ne serait-il pas bien meilleur que moi ?

Petite Thérèse écrivait : « Lorsque je veux augmenter en moi l'amour du prochain, lorsque surtout le démon essaie de me mettre, devant les yeux de l'âme, les défauts de telle ou telle sœur qui m'est moins sympathique, je m'empresse de rechercher ses vertus, ses bons désirs. Je me dis que si je l'ai vue tomber une fois, elle peut bien avoir remporté un grand nombre de victoires qu'elle cache par humilité et que même ce qui me paraît une faute peut très bien être, à cause de l'intention, un acte de vertu. Ah ! je comprends maintenant que la charité parfaite consiste à supporter les défauts des autres, à ne point s'étonner de leurs faiblesses, à s'édifier des plus petits actes de vertu qu'on leur voit pratiquer »[6].

Vous vous rappelez, peut-être, avoir lu le récit qu'elle fait de ses difficultés avec sœur Saint-Pierre, cette bonne vieille infirme qu'il fallait mener du chœur au réfectoire, ce qui n'était pas une petite affaire, à cause de ses exigences.

« Cela me coûtait beaucoup, écrit-elle, de me proposer pour rendre ce petit service car je savais que ce n'était pas facile de la contenter ». Mais pour ne pas manquer une si belle occasion d'exercer la charité, elle s'offrit pour la conduire. « C'est incroyable, répète-t-elle, comme cela me coûtait de me déranger ». Vous voyez que Petite Thérèse avait, elle aussi, de fortes répugnances de nature à vaincre. Mais à force d'attentions et de délicatesses, elle finit par gagner tout à fait les bonnes grâces de

6. M.A., pp. 266 et 264.

la pauvre sœur, « surtout parce qu'avant de la quitter, elle lui faisait son plus beau sourire »[7].

Quand saint François de Sales refusait quelque chose, on partait aussi satisfait que s'il l'avait accordée tellement il refusait avec bonté, donnant les raisons de son refus, montrant son regret de ne pouvoir faire plaisir. On le quittait aussi content du « non » que si on avait eu le « oui ».

Ecoutez saint Paul : « Bénissez ceux qui vous persécutent, bénissez, ne maudissez pas. Réjouissez-vous avec qui est dans la joie, pleurez avec qui pleure. Pleins d'une égale complaisance pour tous, sans vous complaire dans l'orgueil, attirés plutôt par ce qui est humble, ne vous complaisez pas dans votre propre sagesse. Sans rendre à personne le mal pour le mal, ayant à cœur ce qui est bien devant tous les hommes, en paix avec tous, si possible, autant qu'il dépend de vous... Ne vous laissez pas vaincre par le mal, soyez vainqueur du mal par le bien »[8].

7. M.A., pp. 297-298.

8. Rm 12, 14.

Il est clair qu'il ne vous est pas demandé de ressentir dans votre cœur les mêmes sentiments envers un ami et envers quelqu'un qui vous veut du mal. Clair encore que si votre avis vous est demandé, en vue par exemple de confier un poste à une personne, vous êtes tenu de donner d'elle une appréciation objective. Il arrive aussi que la défense de la vérité et de la justice soit en jeu, ou que s'impose le devoir de la correction fraternelle qui est une charité.

Il y a même de saintes colères. Mais souvenez-vous toujours que rien ne trouble les cœurs, rien ne gêne Jésus en nous, comme la dissension et la discorde, rien ne lui est plus directement opposé. Pensez aussi aux ravages que peut faire une calomnie ou, plus encore parce que plus difficile à réparer, une médisance. Prenez garde qu'une rancune conservée volontairement peut occasionner de graves malentendus et parfois créer un abîme ou dresser une montagne de glace entre deux âmes. Nul n'est pleinement maître d'un premier mouvement, mais il faut se reprendre bien vite. « Pardonner l'injustice reçue, c'est guérir soi-même la plaie de son cœur », disait saint Vincent de Paul.

Il faut s'oublier soi-même. Une âme qui s'oublie elle-même répand la joie autour d'elle. Elle relève la température des cœurs partout où elle passe. La bonté attire la bonté ; plus, elle la fait naître. Elle rayonne quelque chose de déjà céleste. Au contraire la rancune provoque la tristesse, ferme les cœurs, ferme les visages, jette un froid partout où elle apparaît. Je parle évidemment d'une rancune volontaire et entretenue. Alors l'imagination travaille, mille fantômes viennent à la rescousse, les griefs arrivent en foule ; on prête toutes sortes d'intentions mauvaises ; on rapproche des faits qui, en réalité, n'ont aucun lien entre eux, pour grossir les torts du prochain, pour le rendre inexcusable, pour s'excuser soi-même. Le grappin souffle sur ces tisons ardents.

Il y a tant d'excuses à trouver pour les défauts des autres : leur hérédité, leur éducation, leur tempérament, leurs épreuves intimes, leur état physique. Tous, sans exception, ont des vertus dont on peut s'édifier. C'est si doux de penser du bien du cher prochain.

Sur son lit de malade, entourée de soins, Petite Thérèse avait compassion des âmes souffrantes : « C'est avec des précautions semblables à celles qu'on prend pour les malades du corps qu'il faut les traiter, même les plus imparfaites. Oh ! bien souvent on n'y pense pas, on les blesse par des inattentions, des procédés indélicats ; alors qu'il les faudrait soigner et soulager de tout notre pouvoir. Oui ! je sens que je dois être aussi compatissante pour les infirmités spirituelles de mes sœurs, qu'on l'est pour mes infirmités physiques »[9].

J'ai vu des âmes déjà avancées qui sont tombées pour n'avoir pas supporté une injustice et pour l'avoir grossie, comme je viens de le dire, et pour avoir été submergées et noyées dans ces remous. On se noie très vite dans le fiel. Ainsi, tenez votre âme, avalez l'amertume, comme Jésus avala le vinaigre au Calvaire, et sachez sourire à ceux qui vous peinent. Pardonnez mille fois comme Jésus vous pardonne à vous cent mille fois.

Ecoutez le Maître : « Si ton frère pèche contre toi sept fois le jour, et que sept fois il re-

9. Esprit de sainte Thérèse de l'Enfant-Jésus, p. 84.

vienne à toi disant : je me repens, tu lui pardonneras »[10]. Et à Pierre qui s'écriait : « Devrais-je donc pardonner jusqu'à sept fois ? » « Je ne te dis pas jusqu'à sept fois, mais jusqu'à soixante-dix fois sept fois »[11]. Pas de limite.

Il y a encore la jalousie, beaucoup plus répandue qu'on ne le voit, parce que les jaloux, tant ce sentiment leur semble bas, n'osent l'avouer, ni même se l'avouer à eux-mêmes. La jalousie fait beaucoup souffrir, d'abord parce qu'elle pince le cœur, et puis parce qu'elle humilie profondément.

C'est croire les autres plus favorisés que soi, les envier amèrement, envier même – et c'est la jalousie spirituelle – leurs vertus, leur piété. J'ai compassion des jaloux qui le sont malgré eux, mais qu'ils n'oublient pas que « C'est par l'envie du diable que la mort est entrée dans le monde »[12].

Elle entraîne souvent l'antipathie. A la suite d'une humiliation, d'une injustice, d'une ca-

10. Lc 17, 4.

11. Mt 18, 21.

12. Sg 2, 24.

lomnie, le ressentiment ou la rancœur sont quelquefois tellement forts. C'est un vrai bouillonnement dans la poitrine, une tempête dans le cœur. Comment apaiser tout cela ? Il faut empêcher sa volonté d'y consentir, dire de toute sa volonté : « Je ne veux pas, non, je n'approuve pas ces sentiments de vengeance qui sont en moi et qui, malgré moi, montent à l'assaut de mon cœur. Je les répudie ».

Et c'est ici qu'il ne faut pas confondre la tentation avec le consentement. Même si le ressentiment est très fort, si fort qu'on n'arrive pas à le dominer, il est possible de ne pas y consentir. C'est peut-être avec la fine pointe de la volonté que je dirai : « Je ne consens pas ». Quand toute ma nature en ébullition crie le contraire. Mais ce qui compte, c'est ce « non », car il dépend de notre volonté de dire sincèrement « oui » ou « non » ; il ne dépend pas d'elle, du moins directement, de ressentir ou de ne pas ressentir la colère. Vous n'avez pas consenti, vous n'avez pas manqué à la charité.

Et comment se prouver que l'on ne consent pas ? Eh bien ! se dire : « Si je rencontre cette personne qui m'a fait souffrir, pour laquelle je sens tellement d'antipathie, serai-je aimable avec elle ? Ferai-je mon possible pour être agréable et bon pour elle ? Suis-je prêt à lui rendre service ? A lui demander un service ? — ce qui est plus difficile car je lui devrai ensuite de la reconnaissance —. A lui sourire ? Se répondre « oui », de toutes ses forces.

Peut-être qu'au moment voulu vous n'aurez pas le courage de le faire. C'est possible, mais que votre disposition d'âme et de volonté soit telle. Ce que l'on peut faire toujours et tout de suite, c'est une prière pour cette personne, en tâchant d'y mettre tout son cœur. Ne pas prier seulement pour sa conversion, ce serait une ironie, mais pour qu'elle ait autant de bien que nous lui voulons, malgré nous, de mal.

Si vous veillez ainsi sur votre disposition habituelle et profonde d'âme, de cœur, de volonté ; disposition de charité, de bienveillance, tandis que vous êtes submergés par le dépit, la rancune, l'amertume, l'antipathie, la jalousie peut-être, et que vous pensez : « Que je suis mauvais, est-ce possible d'avoir de tels sentiments ? » ; si vous pouviez voir le regard de compassion, de tendresse, d'amour de Jésus sur vous parce que vous luttez, parce que vous avez dit : « J'aime celui-là qui m'a blessé et je ferai tous mes efforts pour le lui montrer ».

Est-ce mentir ? Non ! Ce qui trompe, c'est que, dans l'amour humain tel qu'on le conçoit généralement, ce serait mentir. Mais aimer vraiment quelqu'un, c'est vouloir sincèrement du bien à ce quelqu'un, quoi que l'on ressente.

Voyez comme c'est important de faire cette distinction entre notre nature et notre volonté portée par la grâce, entre ce que nous sentons et ce que nous voulons. Je vous l'ai dit déjà, je vous le redis encore à propos de la charité fraternelle, car c'est un des points sur lesquels nous sommes le plus tentés.

Je vous avoue que j'aime cent fois mieux ces natures sensibles qui souffrent profondément, qui sentent les aiguillons, qui réagissent fortement, qui regimbent, que des natures molles, indifférentes, passives sur lesquelles tout glisse sans pénétrer. Je préfère ces natures-là, à condition que leurs sursauts leur soient des occasions de victoires, qu'elles en profitent pour s'unir davantage à Jésus et lui donner la preuve que c'est lui qu'elles aiment, en répudiant ce qui lui déplaît. Occasion de lutte, occasion de victoire. Il ne faut pas succomber, succomber délibérément et, avec la grâce de Dieu, on le peut toujours. Demandez-lui de gronder les flots soulevés pour les calmer, lui qui dans la barque apaisa d'un mot la mer en furie.

Il n'apaisera pas tout de suite, parce que justement ces luttes qui nous humilient nous sont précieuses et que, s'il suffisait de faire une petite prière pour devenir, en un instant, un ange de douceur, ce serait trop facile. Souvent il vous laissera dans l'épreuve, il vous laissera l'humiliation, mais il vous aidera à rester uni à sa volonté au milieu même de la tempête. Et s'il vous est arrivé de succomber, vous vous relevez bien vite en lui demandant de tout réparer : « Jésus, réparez ce que j'ai mal fait ».

Une notion qui n'est pas répandue et qui, cependant, est très importante, c'est que Jésus répare, quand on le lui demande avec confiance, non seulement le mal que nous avons fait en nous, mais aussi le mal que nous avons fait autour de nous.

En effet, il a réparé en moi ; mais le mal que j'ai fait aux autres ? Le mauvais exemple que j'ai donné, le scandale que j'ai provoqué, le bien que j'aurais pu faire et que je n'ai pas fait, l'injustice que j'ai commise ? Moi, je suis apaisé, mais les autres ?

Dites alors : « Jésus, de ce mal que j'ai fait autour de moi, tirez aussi un bien. Même, j'ose vous le demander, tirez-en un plus grand bien que si je n'avais pas fait ce mal. Je vous le demande humblement, petitement me frappant la poitrine en disant *« Mea culpa »* d'un cœur contrit, reconnaissant ma faute. Je vous le demande avec une immense confiance, connaissant votre miséricorde, le prix sans limite de votre Rédemption. Réparez en moi et autour de moi. « C'est que l'on ne peut pas toujours réparer soi-même. On ne peut pas toujours demander pardon, faire des excuses, arranger les choses du moins immédiatement, et souvent le remède serait pire que le mal. Alors dites : « Je voudrais le faire, je ne le puis, mais vous le ferez, vous, à cause de ma confiance ».

On a dit : « Tout se paye ! », et c'est vrai. Mais Jésus a tout payé, lui, le premier ; il me fera payer avec lui en m'unissant à ses souffrances rédemptrices, à son amour sauveur, mais pas comme un créancier exigeant et vindicatif. Sans lui que puis-je faire ? Rien ! avec lui : tout. « Venez à moi, je vous soulagerai, je vous referai »[13]. J'insiste parce que je sais que cette certitude d'amour que le Sauveur répare vous est nécessaire pour la paix de vos âmes.

Sa Rédemption est surabondante. Sa Réparation est universelle. Rien n'est jamais irréparable avec lui et, s'il le veut, il peut réparer tout de suite et totalement. Affaire de foi et d'espérance, dans l'humilité et la bonne volonté.

Il faut que vous croyiez qu'il le fait. Il est touché par votre regret amer d'avoir fait du mal. Il est touché par votre peine. Il est touché davantage encore par votre confiance et cela attire encore plus sa miséricorde sur vous. Ah ! il faut vivre la charité à deux avec Jésus, la vie à deux jusqu'à ne plus faire qu'un avec lui, votre Roi, votre Ami, votre Frère, toujours là pour vous aider dans la lutte, pour vous relever dans la chute.

13. Mt 11, 28.

Que c'est merveilleux d'avoir ainsi un Jésus avec soi toujours, qui vous sauve inlassablement, qui arrange tout gratuitement, pourvu qu'on croie qu'il le fait parce qu'on lui demande humblement, en reconnaissant qu'on ne mérite rien. Et ma collaboration ? Avant tout encore une fois par les vertus théologales qui, vraiment vécues, entraînent avec elles tant de sacrifices, dans l'oubli de soi jusqu'à l'héroïsme. Voyez comme haine du péché, non consentement au mal, humilité, confiance, charité, paix, tout cela se tient, comme tout cela ne fait qu'un dans le cœur infiniment miséricordieux de Jésus.

Donc la charité est une : amour de Dieu et amour de nos frères sont inséparables. Sous l'ancienne loi il était écrit : « Tu aimeras ton prochain comme toi-même »[14] et déjà cela semblait très difficile. Cependant Jésus a demandé plus à ses apôtres. Il a modifié ce précepte de l'Ancien Testament. Il en a fait un précepte nouveau, son précepte à lui : « Je vous donne un commandement nouveau : aimez-vous les uns les autres comme je vous ai

14. Lev 19, 18.

aimés »[15]. « Je veux que vous vous aimiez non pas seulement comme chacun s'aime soi-même, je veux que vous vous aimiez comme moi je vous aime, c'est-à-dire sans limite ».

Il y a une chose très belle à considérer ici, c'est que vous pouvez lui dire : « Jésus, aimer le prochain comme vous m'aimez, c'est impossible avec mon pauvre cœur si petit, si étroit, si mesquin. Donc, en me donnant ce précepte, vous êtes obligé de me donner votre propre cœur, pour le remplir ». Comment pourrait-il résister à une telle logique qui le fait sourire ?

Voyez dans l'Ecriture Sainte, comme les mots sont forts et éloquents pour nous inviter à cette charité : « Ne jugez pas et vous ne serez pas jugés, ne condamnez pas et vous ne serez pas condamnés, pardonnez et vous serez pardonnés »[16]. Dans le *Pater* il y a sept demandes et un seul engagement de notre part : « Pardonnez-nous comme nous pardonnons ». « Aimez vos ennemis, dit Jésus, si vous aimez ceux qui vous aiment, si vous faites du bien à

15. Jn 13, 34.

16. Lc 6, 37.

ceux qui vous font du bien, quel mérite avez-vous ? Même les pécheurs aiment ceux qui les aiment. Mais si vous aimez vos ennemis, si vous êtes miséricordieux comme votre Père est miséricordieux, on vous reconnaîtra comme ses fils ; parce qu'il est bon pour les ingrats et les méchants »[17]. Voilà ce qui distingue le vrai enfant de Dieu. On vous reconnaîtra à ce que vous aimez vos ennemis. Ce sera le signe de reconnaissance.

« La charité couvre une multitude de péchés »[18]. Tandis qu'une multitude de bonnes actions ne remplace pas la charité. Saint Jean dit : « Celui qui aime son frère demeure dans la lumière... Nous savons que nous sommes passés de la mort à la vie, parce que nous aimons nos frères, celui qui n'aime pas demeure dans la mort... Menteur, qui dit aimer Dieu qu'il ne voit pas et qui n'aime pas son frère qu'il voit »[19]. Savoir que l'on est vivant parce qu'on aime ses frères, quelle source de paix !

17. Lc 6, 27.

18. P 4, 8.

19. 1 Jn 2, 10 ; 3, 14 ; 4, 20.

Avez-vous médité sur le jugement dernier qui se passera tout entier sur la charité : « J'ai eu faim et vous m'avez donné à manger ; j'ai eu soif et vous m'avez donné à boire ; j'étais sans gîte et vous m'avez recueilli ; j'étais sans vêtement et vous m'avez vêtu ; j'étais malade et vous m'avez visité ; j'étais en prison et vous êtes venu à moi... ce que vous avez fait à l'un de ces plus petits de mes frères, c'est à moi que vous l'avez fait. Venez les bénis de mon Père »[20].

Pauvreté, austérité, jeûne, oraison, don des miracles, sans l'amour de ses frères, c'est pure illusion. Aimer Jésus sans aimer ceux qu'il a aimés jusqu'à la mort, ce n'est pas l'aimer. Pas de véritable amour du prochain sans commencer par l'aimer ; mais l'amour de Jésus s'achève, se parfait, se consomme dans l'amour du prochain. « Jésus, doux et humble de cœur, donnez-moi votre cœur pour aimer le cher prochain ».

« Nous sommes tous un seul corps, et il n'y a entre nous d'autre différence que celle qui peut exister d'un membre à l'autre »[21].

20. Mt 25, 35.

21. Saint Jean Chrysostome, Homélie 18, sur 2 Co.

Chaque jour il nous est donné de nous rassembler autour de la Table eucharistique, dans la joie d'un repas en commun dont l'aliment est le pain vivant descendu du ciel. « Puisqu'il n'y a qu'un pain, à nous tous, nous ne formons qu'un corps »[22].

Toute la liturgie est axée sur cette divine réalité : je prie en ne faisant qu'un avec la sainte Eglise, ma Mère, à qui ma vie appartient tout entière.

Parce que cette retraite est avant tout une retraite de vie intérieure, je vous ai parlé surtout de la charité envers votre prochain, celle qui vous donne, sans doute, le plus à lutter contre vous-même.

N'en doutez pas, c'est dans la mesure où vous changerez, vous, que tout changera autour de vous. Ne sera refait un monde nouveau que si vous devenez, vous « cet homme nouveau, dont parle saint Paul, créé selon Dieu dans la justice et la sainteté de la vérité »[23]. Si vous êtes des hommes justes, vous rayonnerez la justice ; si vous êtes des hommes de miséri-

22. 1 Co 10, 17.

23. Ep 4, 24.

corde, vous rayonnerez la miséricorde ; si vous êtes des hommes droits, vous rayonnerez la vérité ; si vous êtes des hommes de paix, vous rayonnerez la paix. Oui ! vous changer, en laissant Jésus vous transformer en lui-même par l'amour.

Mais vivant cette union avec lui que je vous ai prêchée, votre vie intérieure vous poussera comme malgré vous, sous l'action de la grâce, à vous donner aux autres dans la vie sociale, à travailler de toutes vos forces, selon les prescriptions du pape, à la lumière du Concile et des encycliques, à l'unité de l'Eglise, à l'œcuménisme.

Puis dans la mesure de vos possibilités, à voler au secours des pauvres, des malades, des lépreux, des affamés, de tous ceux qui souffrent et qui peinent.

« Que chacun se sente responsable de la réalisation du bien commun dans tous les secteurs de la vie sociale », a recommandé Jean XXIII.

Vous vous mettrez à la disposition de vos évêques, de vos prêtres, dans la grande famille paroissiale ; de vos aumôniers, dans l'action catholique. Les écrits autorisés et les prédications ne vous manquent pas, pour vous guider dans cette charité sociale et collective si importante ; et, non plus, les associations pour prier, s'instruire, travailler en commun. Toujours selon les instructions du Saint-Père.

Il y a une grâce spéciale attachée à la prière communautaire. Jésus n'a-t-il pas dit : « Que deux ou trois soient réunis en mon nom, je suis au milieu d'eux »[24]. « Etre heureux, c'est aimer ensemble ».

Vous ne penserez pas égoïstement à votre propre perfection. Les injustices sociales vous empêcheront de dormir.

La doctrine de l'abandon, qui voit Dieu en tout, vous rendra merveilleusement disponibles pour cela. C'est un de ses plus riches secrets, car elle nous oblige à renoncer, quand il le faut, à nos vues propres et à nos petits plans personnels, même de sanctification.

Cet abandon total est la cime de la sainteté et de l'amour, parce qu'il nous identifie le plus parfaitement à Jésus qui ne vivait que de la volonté de son Père.

24. Mt 18, 20.

VII

L'APOSTOLAT

La charité des charités, c'est l'apostolat. « J'avais faim et vous m'avez donné à manger, j'avais soif et vous m'avez donné à boire »[1].

Il est urgent – oh ! combien – de donner le pain matériel aux deux hommes sur trois qui ne mangent pas à leur faim, dans cette vallée de larmes, et de répondre ainsi au poignant *Misereor super turbam*[2] de Jésus, le cœur serré par la compassion, comme lui. Mais c'est du « Pain de Vie », de « l'Eau qui jaillit en vie éternelle »[3] qu'ils ont encore plus besoin.

C'est après « les avoir instruits longuement », nous rapporte l'Evangile, que Jésus

1. Mt 25, 35.
2. Mc 8, 2.
3. Jn 4, 14.

multiplia les cinq pains et les deux poissons et en rassasia la foule qui l'écoutait[4]. C'est que « l'homme ne vit pas seulement de pain, mais de toute parole qui sort de la bouche de Dieu »[5].

On doit partager gratuitement avec ses frères les lumières, les grâces que l'on a reçues gratuitement. Paul VI l'affirme : « Vous savez bien que c'est la tâche de l'Eglise entière que de continuer et de développer la mission de salut de tous les hommes que le Christ lui confie. Cette tâche revient non seulement à la hiérarchie, mais les laïcs aussi, en vertu de leur appartenance au corps mystique du Christ, et de leur participation à sa mission et à son sacerdoce royal, ont le droit, le devoir et l'honneur – confirmés et affirmés par les sacrements du baptême et de la confirmation – d'exercer l'apostolat de l'Eglise de la façon qui leur est propre »[6].

Parlant d'apostolat, je commence par une grande affirmation : pour être des apôtres fé-

4. Mc 6, 34.

5. Mt 4, 4.

6. Discours du 12 avril 1964.

conds, commencez par être des saints, des âmes d'amour.

La seule fécondité, c'est la sainteté. Voyez le curé d'Ars. L'âme de tout apostolat, c'est l'amour intime de l'apôtre et son immolation : « Si le grain ne tombe en terre et ne meurt, il reste seul »[7]. « De même que le sarment ne peut pas de lui-même porter du fruit sans demeurer sur le cep, ainsi vous non plus, si vous ne demeurez en moi. Qui demeure en moi, comme moi en lui, porte beaucoup de fruits »[8].

Soyez des âmes d'amour pour devenir apôtres et, chose très belle, à la banque de l'amour plus on donne, plus on s'enrichit.

Vous devez entendre sans cesse retentir dans votre cœur le cri d'amour douloureux, de grand désir rédempteur, cri d'angoisse et de tendresse en même temps, de Jésus en croix : *« Sitio, j'ai soif... »*[9]. J'ai soif de votre amour, vous que j'ai comblé, donnez-moi à boire. Faites valoir les trésors spirituels que je vous ai donnés sans compter. Trouvez-moi des cœurs

7. Jn 12, 24.

8. Jn 15, 4.

9. Jn 19, 28.

dont l'amour sera une rosée sur mes lèvres brûlantes au Calvaire.

Etre apôtre, c'est donner Jésus aux âmes et les âmes à Jésus, en le faisant connaître pour le faire aimer, en vous remplissant de lui pour le donner, selon la belle définition du Père Matéo : « Un apôtre est un calice plein de Jésus qui déborde son trop-plein sur les âmes ». Soyez d'abord ces calices et, avant même d'agir, vous serez apôtres.

Des âmes sont en voie de perdition... quelle angoisse ! Pensez-vous à ces âmes pour lesquelles le Sauveur a tant souffert, a répandu tout son Sang, qui sont faites pour le bonheur et qui risquent de se perdre à jamais en enfer, fixées comme Satan, dans la haine de celui qui n'est qu'amour, dans ce lieu sur la porte duquel Dante écrivait : « Laissez ici toute espérance » ! Dire qu'il existe un lieu où on ne peut plus dire : « Jésus, j'ai confiance en vous, sauvez-moi ! ».

Gethsémani, ce fut la vision pour Jésus du prix des âmes. Alors il frémit, lui, le divin fort : « Père, si tu le veux bien, éloigne ce calice de moi »[10]. Et ce fut la sueur de sang qui coulait jusqu'à terre, sous le pressoir de l'angoisse qui l'étreignait devant les conséquences du péché.

Il dépend de nous qu'il y ait plus ou moins de sauvés. Le champ de l'apostolat est immense : tant de dévoyés par l'impureté, par l'orgueil qui mène à la haine ; pensez à l'ignorance, à l'indifférence des masses sans Christ, ni dans la vie, ni dans la mort, ces foules sans Dieu. Pensez aux milliards de païens qui couvrent le monde, au nombre chaque jour plus grand des brebis hors du bercail. Songez aux nombreux baptisés qui manquent d'ambition surnaturelle – cela aussi est une tristesse –, qui manquent d'amour confiant et de flamme apostolique, qui se disent les amis de Jésus et qui le sont si peu.

J'ai soif ! L'amour n'est pas aimé. « Aimez et faites aimer l'amour qui n'est pas aimé ». Voilà bien le plus beau cri qui soit sorti des lèvres d'un apôtre. Il est sorti du cœur de saint François d'Assise : « Aimez et faites aimer l'amour qui n'est pas aimé ».

10. Lc 22, 41.

Mais, vous le savez, avant l'apostolat de la parole et de l'action, il y a l'apostolat de la prière et de la souffrance, sans lequel l'apostolat extérieur ne serait rien, exactement rien. La parole, l'action ne viennent qu'en dernier lieu, après ce que j'appellerai l'apostolat du silence dans l'amour, qui fut le grand apostolat de Jésus et de Marie, à Nazareth, pendant trente ans.

Jésus a prêché en silence rien que parce qu'il était le Verbe de Dieu incarné. Vous aussi, vous prêchez par ce que vous êtes : des enfants de Dieu, confirmés dans l'Esprit-Saint et divinisés par l'Eucharistie. Il a prêché par son exemple, vous aussi vous prêchez par votre exemple, si vous êtes les chrétiens que vous devez être.

J'ai souvent médité cette scène de l'Evangile : Jésus revient à Nazareth qu'il avait quitté depuis peu. Il entre dans la synagogue, se lève pour faire la lecture, déroule le livre du prophète Isaïe et commence à l'expliquer. Ses nombreux auditeurs, frappés d'étonnement, disaient : « D'où lui vient cette sagesse ? N'est-ce pas le charpentier, le fils de Joseph ? Sa mère n'a-t-elle pas nom Marie ? Scandalisés, ils le poussèrent hors de la ville jusqu'au sommet de la colline pour le précipiter »[11]. Or ceux qui l'écoutaient, c'étaient les nazaréens, ses compagnons de tous les jours, ses amis d'enfance.

Il y a une leçon à tirer de cette scène. Il faut en conclure que, pendant trente ans, Jésus n'a pas fait un geste, n'a pas dit une parole qui aient pu révéler qui il était. Il est resté tellement caché et silencieux que, pour tous ceux qui avaient vécu avec lui, les amis de Marie et de Joseph et les siens, il était le charpentier, fils de Joseph, et c'est tout.

De Marie, Reine des apôtres, on trouve dans l'Evangile cinq ou six paroles. Elle a instruit les apôtres, c'est certain, mais cela ne nous est pas révélé.

Saint Joseph, patron de l'Eglise universelle ; là c'est le silence complet. On ne sait même pas où il est enterré. Où est le tombeau de saint Joseph ? C'est la disparition totale.

L'effacement, la prière intime, l'immolation, en silence, quelle fécondité ! C'est ce que j'ap-

11. Lc 4, 16-29 ; Mt 13, 54.

pelle « le secret de Nazareth ». Le Père de Foucauld l'a bien compris.

Il faut s'immoler, il faut s'anéantir pour prêcher, il n'y a pas de prédicateur vraiment rayonnant qui n'ait vécu le *« quotidie morior »*, «je meurs tous les jours» de saint Paul[12].

Les Pères du désert reproduisirent l'immolation et le silence de Nazareth et c'est ainsi qu'ils vivifièrent l'Eglise naissante.

Il n'y a pas de doute que la petite Bernadette de Lourdes a servi beaucoup mieux la Sainte Vierge en s'envelissant dans un couvent, que si elle avait continué à recevoir des visiteurs ou si elle avait donné des conférences sur ses visions.

J'ai visité autrefois la Maison-Mère des Petites Sœurs des Pauvres au diocèse de Rennes. La Bonne Mère Supérieure me conduisit au cimetière. Il y avait, au centre, un magnifique tombeau avec une belle croix de pierre sculptée. Instinctivement je lui dis : « C'est sans doute la tombe de Jeanne Jugan votre fonda-

12. Co 15, 31.

trice ? » « Non, répondit-elle, c'est celle de notre deuxième supérieure générale. Jeanne Jugan commença l'œuvre à Saint-Servan, en recevant chez elle une bonne vieille, puis une deuxième. Voulant en secourir d'autres encore, elle chercha des compagnes pour l'aider ». Et c'est ainsi qu'est née cette fondation admirable des Petites Sœurs des Pauvres.

Des événements que Dieu permet, sans les vouloir, pour éprouver ses saints, aboutirent à la nomination d'une autre religieuse comme Supérieure générale. Jeanne Jugan reprit son petit panier pour aller quêter pour ses bons vieux. Elle rentra dans le rang, comme on dit, tout à fait effacée. On a su après combien elle en avait souffert à l'intime d'elle-même, mais elle n'eut pas un mot de plainte : « Et elle mourut oubliée des hommes »[13].

La Mère ajouta : « Aujourd'hui, si on veut avoir des faveurs, si on veut obtenir des miracles, ce n'est pas sur la belle tombe de pierre qu'il faut aller prier, c'est sur la petite tombe de Jeanne ». Petite tombe qui se trouvait là,

13. Notice de la Maison-Mère.

perdue au milieu des autres, avec sa croix de bois plantée dans la terre. Depuis on l'a exhumée et transportée dans la chapelle de la Maison-Mère. Mais quand j'y suis allé, il n'y a pas si longtemps, elle était encore là, depuis 1879, année de sa mort.

Eh bien ! je suis certain que Jeanne Jugan a plus fait pour la fondation des Petites Sœurs des Pauvres par cette acceptation si humble de sa mise au rancart et par son effacement, que par toute autre œuvre qu'elle aurait pu accomplir. Tel le grain enfoui pour porter du fruit.

Là nous sommes en pleine réalité divine.

Sainte Petite Thérèse, neuf ans de silence et d'immolation... Peu de temps avant sa mort, alors qu'elle se reposait pendant la récréation dans sa cellule, elle entendit une sœur qui, dans la cuisine, disait d'elle : « Ma sœur Thérèse de l'Enfant-Jésus va bientôt mourir, et je me demande vraiment ce que notre Mère pourra dire d'elle après sa mort. Elle sera bien embarrassée, car cette petite sœur, tout aimable qu'elle est, n'a pour sûr, rien fait qui vaille la peine d'être raconté »[14]. Même ses propres

14. *Vie*, par Mgr Laveille,p. 366.

sœurs distribuèrent ses robes, son linge (on reprit tout cela ensuite pour en faire des reliques) tellement sa vie a été une vie ordinaire, une vie cachée. Rien d'extraordinaire à l'extérieur, tout extraordinaire à l'intérieur. On peut lui appliquer, toutes proportions gardées, ce que l'on a dit de Marie : *« Omnis gloria ejus ab intus ».* Toute sa gloire était à l'intime d'elle-même.

Et là voilà Patronne des Missions à l'égal de saint Françoix-Xavier qui est allé prêcher jusqu'au bout du monde. Patronne secondaire de la France à l'égal de sainte Jeanne d'Arc qui eut une action extérieure si éclatante ![15]. J'ai noté le récit de cette élévation de Petite Thérèse comme patronne principale des missions. C'est très intéressant.

Ce fut sur l'initiative personnelle de Pie XI. En effet, les deux congrégations romaines auxquelles fut présentée la supplique des deux-cent-vingt-six évêques missionnaires implorant ce protectorat n'émirent pas un vote favorable. La majorité de leurs membres furent heurtés, sans doute, par une telle contradiction

15. Bref apostolique du 3 mai 1944.

apparente. Une petite carmélite n'ayant jamais quitté son cloître, égalée à saint François-Xavier. Le cardinal Vico, tout gagné, lui, à ce nouveau privilège, en référa alors au pape. Dérogeant pour une fois aux coutumes qui laissent aux congrégations romaines la solution de cas semblables, tandis que le Saint-Père se contente le plus souvent de ratifier de son autorité les décisions qui ont été prises par elles, Pie XI prit à sa charge personnellement la promulgation du Décret du 14 décembre 1927 où sainte Thérèse de l'Enfant-Jésus était proclamée « Patronne principale à l'égal de saint François-Xavier, de tous les missionnaires, hommes et femmes, et aussi de toutes les missions existant dans le monde entier »[16]. Le Saint-Père, le christ de la terre, inspiré par l'Esprit-Saint, avait marqué la volonté de Dieu.

Il est évident que le ciel voulait donner à tous la grande leçon de la fécondité de l'immolation cachée, de la contemplation, des immenses désirs de sauver les âmes, par celle qui dans le cœur de l'Eglise, sa Mère, avait voulu être l'amour.

16. *Pie XI et son Etoile*, p. 43.

L'essor extraordinaire qu'a pris le culte du Cœur de Jésus, il y a trois siècles, est dû, en grande partie, à sainte Marguerite-Marie. Qu'a-t-elle fait pour cela ? Elle s'est immolée derrière ses grilles en se consumant d'amour.

Sainte Thérèse d'Avila, regardant la troupe de vierges qui l'entourait, s'écriait magnifiquement : « Qu'en ferais-je ? Ah ! je les emploierai à détruire l'hérésie, à enfanter des docteurs, à expier l'iniquité, à convertir des âmes. Elles seront d'infrangibles murailles et des remparts armés, elles seront des sources vivantes de lumière et de foi ». Quelques femmes enfermées pour toute leur vie entre quatre murs.

Quand saint Paul fait naufrage à Malte, il assure que personne ne périra parce que lui ne doit pas périr. Un ange lui a dit : « Dieu t'accordera la vie de tous ceux qui naviguent avec toi »[17]. A cause d'un saint, tous sont sauvés.

Quel est le centre et la source de la vie de l'Eglise ? L'hostie du tabernacle, l'hostie petite, silencieuse, l'hostie priante, l'hostie aimante. Les apôtres prêchent, mais ce sont les rayons

17. Ac 27, 24.

de divine lumière, partis de ce soleil d'Amour, qui touchent et éclairent les âmes. Soyez des hosties priantes et aimantes et vous rayonnerez comme l'hostie et Dieu vous donnera tous ceux qui « naviguent » avec vous, vos proches, tous ceux que vous aimez et dont vous désirez ardemment le salut.

Dans le magnifique dogme de la Communion des Saints, ne doutez jamais que vous êtes en réalité apôtres, si vous aimez, rien que parce que vous aimez. Jésus peut vous le cacher pour augmenter le mérite de votre foi, mais n'en doutez jamais. Remerciez-le tous les jours pour les âmes que vous sauvez, sans le savoir, par vos actes d'amour.

Comme je vous l'ai déjà dit, c'est une belle façon de prier que de prier ainsi d'une façon actuelle. Au lieu de dire à Jésus : « Donnez-moi des âmes », dites-lui : « Je vous remercie pour les âmes que vous me donnez uniquement parce que je suis sûr que vous me les donnez », vous appuyant sur sa propre parole : « Ce que vous demandez, croyez que vous l'avez déjà reçu, et vous êtes exaucé »[18].

18. Mc 11, 24.

Savoir s'unir aux merveilles qu'il fait en nous sans cesse, même lorsque nous ne les réalisons pas et que nous n'en avons pas conscience : « Jésus, je m'unis aux merveilles que vous faites en moi. Je sais, je suis sûr que je vous aime aujourd'hui plus qu'hier et que demain je vous aimerai plus qu'aujourd'hui, parce j'ai ouvert mon cœur à votre grâce qui est un torrent qui m'envahit sans arrêt, me transforme continuellement en vous-même et se répand sur le prochain ».

« L'espérance ne déçoit pas parce que l'amour de Dieu a été répandu dans nos cœurs par le Saint-Esprit qui nous fut donné », nous dit saint Paul[19].

Vous obligez ainsi Jésus à faire ce dont vous le remerciez. Est-ce de la présomption ? Non puisque l'espérance ne déçoit pas et qu'il a promis toute fécondité à ceux qui ont confiance.

Lors de la Visitation, dans un grand cri, nous dit saint Luc, Elisabeth s'adresse à Ma-

19. Rm 5, 5.

rie : « Bienheureuse celle qui a cru ! ». Marie dit alors : *« Magnificat anima mea Dominum »*[20].

Dans vos prières apportez un grand esprit d'apostolat. Priez pour obtenir la miséricorde pour les âmes. Jésus aurait pu sauver les hommes sans nous. Il ne l'a pas voulu.

« Le Créateur de l'univers, écrit Petite Thérèse, attend la prière d'une toute petite âme pour sauver les autres rachetées, comme elle, au prix de tout son sang »[21].

Certains sont étonnés quand ils voient le nombre d'incrédules, le nombre de païens, d'impies et de pécheurs impénitents dans le monde, comparé à celui des fidèles. Il y a là une disproportion qui surprend, que l'on a du mal à s'expliquer. C'est à se demander si la Rédemption n'a pas échoué.

Je pense que la Divine Providence a permis cela (je dis bien permis et non voulu) pour que les âmes ferventes vivent davantage d'esprit apostolique, d'un désir plus grand de sauver les âmes infidèles, en voyant leur multitude,

20. Lc 1, 45.

21. Lettres, 15 août 1892.

partagent encore plus le « *Sitio* » de Jésus sur la Croix et son « *Misereor super turbam* ». Et alors parce que ses âmes choisies, privilégiées, ses élus, l'aimeront d'un amour plus grand, lui, Jésus, fera miséricorde aux autres. Voyez votre responsabilité.

Il disait à sainte Marguerite-Marie : « Une âme qui aime peut obtenir le pardon pour mille criminels »[22].

Pie XII dans *Mystici Corporis Christi* écrit que « si l'Eglise elle-même manifeste des traces évidentes de notre humaine faiblesse, il faut l'attribuer non à sa constitution, mais plutôt à ce lamentable penchant au mal que son divin Fondateur souffre jusque dans les membres les plus élevés de son Corps mystique, dans le but d'éprouver la vertu de ses ouailles et des pasteurs, et de faire croître en tous les mérites de la foi chrétienne ».

N'allez pas en conclure que moins l'Eglise sera visiblement puissante sur la terre, plus elle remplira son rôle de levain dans la masse, que les Institutions n'ont pas à devenir chré-

22. *Vie par ses contemporains*, T. I, p. 159.

tiennes, qu'il faut accepter que le monde se fasse de plus en plus sans l'Eglise. Jean XXIII nous a donné une tout autre consigne quand il nous a demandé de travailler « pour que la société humaine présente avec la plus parfaite fidélité l'image du Royaume de Dieu »[23].

Aussi demandez non seulement des retours de pécheurs, mais que les bons deviennent très bons et que les très bons deviennent des saints. Demandez non seulement des conversions d'âmes, mais des ascensions d'âmes, parce que Jésus a non seulement soif de voir les pécheurs se convertir, mais il a peut-être plus soif encore de voir les âmes qu'il a choisies monter, grandir dans l'amour, s'unir plus intimement à lui.

Il a besoin d'âmes vraiment aimantes, vraiment hosties, vraiment transformées en lui-même par l'amour. Il en a besoin pour sauver les hommes.

Soyez certains que j'ai pensé beaucoup à cela pendant cette retraite, en priant pour vous : « Jésus, faites-les monter, rapprochez-les encore plus près de vous, qu'ils deviennent des parcelles de l'Hostie que vous êtes, une seule

23. *Pacem in terris.*

flamme avec vous, " qui êtes venu apporter le feu sur la terre "[24], feu que vous êtes vous-même ».

Voyez, le monde semble courir à sa perte et cependant je ne suis pas pessimiste.

Pourquoi ? Parce que je pense qu'il y a aujourd'hui dans les cloîtres et aussi dans le monde, plus que jamais, des âmes entièrement livrées à Jésus dans l'entière confiance et le total abandon, sans rien qui les distingue des autres, cachées à la nazaréenne.

Le mal s'étale, le bien s'ignore. Croyez à mon expérience sur ce point. Ces âmes le consolent, ces âmes réparent, elles le dédommagent et l'obligent, j'ose le dire, à faire miséricorde.

On les appelle parfois des paratonnerres, mais je n'aime pas cette image, car ce n'est pas le tonnerre que Jésus fait tomber de son Cœur sur le monde[25], mais des torrents de grâces. Il a besoin de cœurs qui soient les canaux de ces eaux jaillissantes pour les recevoir et les parta-

24. Lc 12, 49.

25. Lc 9, 54.

ger. Voilà le rôle de ces âmes fidèles et généreuses. Par le fait même elles reculent ou suppriment les conséquences du péché.

Pourquoi Marie est-elle restée sur la terre, avant d'aller retrouver son Fils là-haut, après l'ascension ? Je pense que ce fut pour instruire les disciples, mais que ce fut surtout pour remplir le rôle de l'apostolat du silence, dans la prière, la souffrance et l'amour. Tandis que les apôtres couraient à la poursuite des âmes, Marie priait auprès de l'Hostie que lui avait laissée la messe de saint Jean. Et quand il y eut beaucoup de chrétiens déjà, beaucoup d'âmes hosties, priantes et aimantes pour cet apostolat caché, alors Marie put partir ; son rôle fut continué, avec bien moins de perfection évidemment, mais la même mission d'hosties offertes, avec Marie dans leurs cœurs.

Nous autres prédicateurs, nous sentons si bien que nous sommes des « cymbales retentissantes »[26], si nous n'avons pas l'amour, le nôtre et celui des âmes livrées à l'amour. Je vous assure qu'en parlant, je pense à ceux et à

26. 1 Co 13, 1.

celles qui m'ont promis de m'aider, de prier pour *« l'Adveniat »*, qui offrent leurs souffrances et leurs prières pour mon apostolat, et c'est à eux que j'attribue le bien que je peux faire.

Vous le savez, la prière des prières, c'est la messe : adoration parfaite, expiation parfaite, action de grâce parfaite, elle est aussi la supplication parfaite de Jésus immolé ; c'est le trésor des trésors de l'apostolat.

Dans notre monde perverti, au milieu des désordres causés par l'irréligion, les mœurs actuelles, le divorce, que d'épouses, de mères de famille sont venues me trouver parce que leur mari ou leur fils ou leur fille ne pratiquait plus. « Père, quelle angoisse ! Quelle tristesse ! Tous mes efforts pour les ramener à Dieu sont vains. Que faire ? » Et je réponds toujours : « D'abord payez la rançon par vos messes et par vos communions, ajoutant au sang de Jésus dans le calice, le sang de vos âmes que sont vos larmes, et puis gardez votre confiance en la miséricorde infinie du Sauveur. Dites, comme cette maman que je connais, désolée par la conduite de ses enfants : « Jésus, vous les aimez trop pour ne pas les sauver ». Remerciez-le d'avance pour le ciel qu'il leur prépare à cause de votre prière, mais, et ceci est très très important, tout en souffrant, attendez en paix l'heure de Jésus, l'heure choisie par lui pour vous exaucer. Il vous fera attendre peut-être longtemps pour éprouver justement votre confiance. Ne le décevez pas, dites-lui, quelle que soit votre épreuve, qu'avec sa grâce, rien ne vous fera perdre votre paix profonde, parce que vous êtes sûr de lui.

A l'apostolat de vos prières unies à la prière de Jésus qu'est la messe, ajoutez vos souffrances. Il a voulu sauver le monde par la souffrance. Pour racheter les âmes avec le Sauveur, vous devez souffrir avec et comme lui. Votre messe, qui est le calvaire, aura bien plus de prix si vous y assistez au pied de la croix ou, mieux encore, sur la croix.

Et voilà la grande richesse de ceux qui peinent, de ceux qui pleurent. Oh ! si on pouvait voir le regard de tendresse toute spéciale de Jésus sur les pauvres et les souffrants ! Ils sont les plus puissants pour toucher son Cœur et pour obtenir des grâces de choix.

Dites-le aux malades, cela leur fait toujours un très grand bien. Dites-leur : « Jésus vous regarde avec plus d'amour que les autres, parce que vous souffrez. Offrez votre maladie pour sauver des âmes. Il vous écoutera parce que vous êtes cloué sur votre lit, un peu comme lui sur sa croix. Il vous écoutera parce qu'il est touché de compassion pour vous ».

Souvent je dis ceci aux malades que je vais visiter : « Je viens vous quêter parce que vous êtes un capitaliste dans l'ordre surnaturel. Vous amassez par votre épreuve acceptée tout un capital de grâces pour vous d'abord, mais aussi pour les autres. Je viens voir mon capitaliste ». Cela les fait sourire et leur donne beaucoup de courage. Ils sont touchés de voir qu'on les considère comme des riches, car ils ne s'en doutaient pas.

Ah ! Si on pouvait prêcher cet évangile d'une façon effective, la question sociale serait résolue. Ce qui ne veut pas dire que l'on ne doit pas rechercher tous les moyens pour soulager ceux qui souffrent, pour améliorer le sort de ceux qui peinent, pour venir au secours de ceux qui sont dans le dénuement. Avec quelle tendresse il faut se pencher sur eux, se faire comme saint Paul « tous à tous, faible avec les faibles »[27], comme la sainte Eglise et ses saints l'ont fait depuis des siècles.

Jamais vous ne pourrez trop vous dévouer, sans regarder à votre fatigue ; trop vous donner, en vous oubliant vous-même ; trop vous démunir de vos biens pour ceux qui n'en ont pas, avec le souci constant de vous faire le serviteur de ceux qui vous servent, eux, les premiers, de ces travailleurs qui, au prix de leurs efforts harassants, de leurs sueurs, vous assurent un bien-être, un confort que vous ne méritez pas.

Et chassez impitoyablement ce sentiment instinctif de supériorité qui aveugle ceux qui dominent ici-bas et qui oublient que beaucoup de ces pauvres, qui sont leurs frères, leur sont bien souvent très supérieurs dans l'ordre spirituel et surnaturel.

Ainsi, vous ne direz pas, de but en blanc, à quelqu'un qui n'est pas un saint et qui gémit sous le poids d'une épreuve, à un vieillard ac-

27. 1 Co 9, 22.

cablé par l'âge et les déficiences physiques : « Vous n'avez qu'à vous abandonner à la volonté de Dieu, vous aurez un plus beau ciel un jour... » Cela pourrait sembler une dérision et un moyen de se débarrasser de leurs plaintes.

Cependant vous devez toujours penser que, peu à peu, avec mille délicatesses, il faut en arriver là. On n'ose plus parler du ciel surtout depuis que les marxistes, diaboliquement inspirés, l'ont appelé « l'opium du peuple », propre à endormir les malheureux et à enterrer leurs revendications,par la belle promesse d'un au-delà d'où personne n'est jamais revenu, disent-ils. Et le paradis qu'ils promettent sur la terre, eux, nous n'en voyons guère la couleur. Et « l'homme nouveau » annoncé par Lénine, où le trouve-t-on ?

On n'ose plus parler du ciel et cependant rien ne peut s'expliquer ici-bas sans ce lieu de bonheur où toutes les injustices, et Dieu sait s'il y en a en ce monde, seront réparées, où les derniers seront les premiers dans une béatitude sans fin, où Jésus ressuscité nous a préparé lui-même une place, où nous attend un Dieu qui n'est qu'amour.

Qui dira le prix d'une souffrance, d'une contradiction, d'une humiliation, acceptées pas seulement avec résignation, je n'aime pas ce mot qui semble dire que l'on accepte parce qu'on ne peut pas faire autrement, mais acceptées avec joie de volonté. Un *magnificat* chanté sur la croix, un sourire au milieu des larmes, quelle richesse !

Quand on souffre ainsi dans un abandon total, dire à Jésus : « Si en levant le petit doigt, je pouvais changer ma situation et être soulagé à l'instant, je ne lèverais pas le petit doigt, parce que c'est vous qui avez choisi cela pour moi. Vous êtes plus sage que moi ; vous m'aimez plus que je ne m'aime moi-même ; je vous laisse faire, tout est bien ».

C'est la prière, je le sais, de beaucoup de malades à Lourdes : « Seigneur, si vous le voulez, vous pouvez me guérir, mais votre volonté avant tout ». Et souvent ils demandent la guérison des autres avant la leur, si c'est le plan du divin Sauveur.

Jean XXIII dans un discours adressé au monde entier « a tenu à affirmer, une fois de plus, la prééminence d'une consécration totale à la vie de prière, à tout autre forme de l'apotolat »[28].

Ceci bien posé, parlons de l'apostolat de la parole et de l'action. *« Fides ex auditu »* : la foi naît de ce que l'on a entendu la Parole du Christ »[29].

Saint Thomas dit que, si la vie active ne nuit pas à la vie contemplative, il est plus parfait d'unir les deux, étant donné qu'une lumière n'est pas faite seulement pour briller, mais pour briller et illuminer. C'est, en partie, à cause de notre faiblesse que la pure vie contemplative est, en soi, plus parfaite.

C'est si beau de faire contempler ce que l'on a contemplé, et on trouve de nouveaux sujets de contemplation dans l'action, dans le contact avec le prochain.

Ai-je trop insisté sur l'apostolat de la prière et de l'immolation cachée, à cette heure où le Concile nous rappelle, à juste titre, l'importance de l'apostolat visible et des missions ? Je ne le crois pas.

28. 2 février 1961.

29. Rm 10, 17.

Si vous vivez cette doctrine que je vous ai donnée de l'abandon total, de l'union à Jésus dans la foi, l'espérance et la charité, non seulement vous serez disponibles pour toutes les activités qui vous seront demandées ou proposées, mais dans vos cœurs une flamme montera, si vous voulez, un souffle – l'Esprit-Saint est l'un et l'autre – qui vous poussera, comme malgré vous, à vous donner sans réserve au prochain. *« Caritas Christi urget nos »* : « La charité du Christ nous presse »[30]. Il n'y a pas de danger d'inertie quand on aime.

Quand tout est fait par amour, tout devient prière, oraison, contemplation.

Non ! L'apostolat extérieur des laïcs n'est pas une chose facultative, un luxe, mais une obligation, une impérieuse nécessité.

Quand vous pensez aux pauvres qui meurent de faim, aux victimes de catastrophes et de guerres meurtrières, votre cœur se serre, votre bourse s'ouvre. Votre cœur doit se serrer encore plus quand vous pensez que des âmes meurent de faim spirituelle, par millions. Jé-

30. 2 Co 5, 14.

sus a soif de ces âmes. Elles ne peuvent aller à lui car elles ne le connaissent pas. Il ne peut aller à elles visiblement, parce qu'il s'est condamné au silence, caché au Tabernacle. Il a besoin d'autres lui-même. Il a institué le sacerdoce en vue du sacrifice eucharistique, mais aussi pour pouvoir emprunter les pieds de ses prêtres pour courir après les brebis égarées, leurs mains pour panser les plaies et pour bénir, leurs lèvres pour laisser tomber les paroles de vérité, de consolation et de salut.

Vous qui êtes « le peuple de Dieu qui a obtenu miséricorde, une race élue, un sacerdoce royal »[31], qui, baptisés, participez au sacerdoce divin en offrant le sacrifice de la messe avec le prêtre, participez-y aussi par votre action apostolique.

Soyez à l'écoute de vos évêques, suivez leurs directives, entrez dans leur pastorale. Tant de champs d'activité divers s'ouvrent, aujourd'hui, devant celui qui veut être apôtre.

Dans le domaine mouvant des opinions et des options libres, le chrétien se trouve sou-

31. 1 P 2, 9.

vent crucifié. C'est qu'il n'est pas toujours facile de défendre la vérité et la justice – et il le faut – tout en gardant le respect et l'amour du prochain. Priez avec douceur et humilité, apaisez les passions, demandez la lumière. Vous serez jugés par Dieu sur la pureté de vos intentions. Ayez un grand souci de votre formation doctrinale plus nécessaire que jamais.

Il faut être avec les évêques et avec le pape. Pie XI disait : « Votre évêque, le pape, voilà la chaîne d'or qui vous relie au divin Rédempteur. Il faut être avec le pape, parce que celui qui est avec lui est avec le fondement même de l'Eglise ; parce que c'est contre lui et l'Eglise, fondée sur lui, que ne prévaudront pas les portes de l'enfer »[32].

Roc béni qu'est Pierre, sur lequel – nous le savons d'une certitude de foi absolue, unique source d'assurance et de paix – les griffes de Satan s'useront en vain jusqu'à la fin des temps ; Pierre, « le doux christ de la terre »[33] ; Pierre à qui Jésus a dit, en se tournant vers lui, à la dernière Cène : « J'ai prié pour que ta foi

32. Discours du 21 août 1929.

33. Sainte Catherine de Sienne.

ne défaille pas »[34] ; Pierre, celui « qui aime plus que les autres »[35] et les confirme dans la foi et dans l'amour.

Scrutez avec des guides sûrs, et suivez les lumières du Concile, sur la liturgie, sur l'importance donnée à la prière communautaire et à l'apostolat en équipe. Dans un désir ardent de l'unité de l'Eglise, dialoguez avec nos frères séparés dans cette disposition d'extrême bienveillance et d'affection qui attire la réciprocité, et dont Paul VI nous a donné un si bel exemple. Prenez sur vos épaules et dans vos cœurs la charge des missions ; ayez l'esprit missionnaire, à la Petite Thérèse.

Ecoutez-la : « Une seule mission ne me suffirait pas, je voudrais en même temps annoncer l'Evangile dans les cinq parties du monde et jusque dans les îles les plus reculées... Je voudrais être missionnaire non seulement pendant quelques années, mais je voudrais l'avoir été depuis la création du monde jusqu'à la consommation des siècles »[36].

34. Lc 22, 32.

35. Jn 21, 15.

36. M.A., p. 227.

Donnez-vous sans compter dans un immense amour de la sainte Eglise née du Sang et de l'Eau jaillis de la plaie du Cœur de Jésus, notre Mère, « colonne et support de la vérité »[37], si belle tout au long des vingt siècles écoulés depuis sa naissance, malgré ses ombres et ses plaies humaines, et qui ne peut que le devenir de plus en plus jusqu'à la victoire finale de son Chef qui a dit lui-même : « J'ai vaincu le monde », parole qu'il nous a donnée comme source de notre confiance : *« Sed confidite, ego vinci mundum »*[38].

Vous trouverez des joies insoupçonnées dans cet apostolat actif où vous n'aurez pas regardé à votre peine, où vous n'aurez pas écouté vos fatigues et vos répugnances, où vous vous serez oubliés vous-mêmes. Ce sera un gain pour vous, une féconde expérience de vous être adaptés à divers milieux, à divers sentiments, joies et peines des autres.

Et de plus le bonheur de parler de Jésus, d'ouvrir des cœurs avec la clef au pouvoir divin qu'est ce nom béni. Ne craignez pas de pro-

37. 1 Tm 3, 15.

38. Jn 16, 33.

noncer et de répéter souvent le nom de Jésus.

Il n'est pas indifférent de dire toujours le Seigneur, le Christ, ou de dire Jésus, de l'appeler par son nom qui signifie Sauveur. Il y a une grâce toute spéciale attachée au nom de Jésus. Les Evangélistes appellent Jésus : Jésus, et saint Jean appelle Marie : *Mater Jesu*. Rappelez-vous que c'est son Père qui lui a donné ce nom et qui l'a révélé à Marie par l'ange Gabriel[39].

Vous goûterez la joie d'avoir répandu de la joie, d'avoir versé sur une plaie le baume du Cœur de Jésus, d'avoir fait sourire en incitant à la confiance, d'avoir compati, d'avoir donné la paix en faisant passer votre foi et votre amour dans l'âme des autres. Si vous savez dilater ainsi les cœurs, vous verrez des merveilles cachées, des choses à confondre. Vous verrez qu'il y a, en somme, peu de vrais méchants, beaucoup d'ignorants et de faibles. Vous saurez garder alors un juste milieu entre un pessimisme qui est un manque de foi, et un optimisme béat qui ne voit pas le mal, le danger et l'enfer déchaîné.

39. Lc 1, 31.

Et puis, comme vous serez heureux là-haut de vous être dépensés pour gagner des âmes qui seront au ciel toute l'éternité, grâce à vous.

Pensez que chaque âme gagnée en gagne d'autres, et que vous serez pour toujours les mères, les pères spirituels d'une multitude d'élus qui viendront vous chercher à votre arrivée à la porte du paradis, ou que vous recevrez quand ils y arriveront. Ce ciel dont Petite Thérèse dit : « qu'on n'y rencontrera pas de regards indifférents parce que tous les élus reconnaîtront qu'ils se doivent entre eux les grâces qui leur ont mérité la couronne. Comme une mère est fière de ses enfants, ainsi le serons-nous les uns des autres, sans la moindre jalousie »[40]. Tableau ravissant, qu'aucun théologien ne contredira.

Et enfin, gardez, j'insiste toujours dans la même obsession, gardez une immense confiance dans votre apostolat. Souvent Notre-Seigneur cache à l'apôtre le fruit de son travail, de ses fatigues pour le tenir dans l'humilité et pour éprouver sa foi par une sagesse toute di-

40. N.V., pp. 78 et 60.

vine. Sachez dire : « Je n'attends pas ma récompense ici-bas ». Même si vous ne voyez pas le résultat de vos prières, de vos supplications, de vos efforts. Croyez, croyez !

Rien n'est irréparable pour Jésus et pour Marie.

Une veuve désespérée parce que son mari s'était suicidé en se jetant dans une rivière, vient à Ars et se trouve sur le chemin du curé, à sa sortie de l'église. Il se penche vers elle et lui dit : « Il est sauvé » et comme elle faisait un geste d'incrédulité, le saint, scandant les mots, réplique : « Je vous dis qu'il est sauvé ! Il est en purgatoire et il faut prier pour lui. Entre le parapet du pont et l'eau il a eu le temps de faire un acte de repentir. C'est la Sainte Vierge qui lui a obtenu sa grâce. Rappelez-vous le mois de Marie dressé dans votre chambre. Quelquefois votre époux, bien qu'irréligieux, s'est uni à votre prière. Cela lui a mérité le repentir et le suprême pardon ».

Avant de repartir elle confiait à M. Guillaumet, supérieur du Collège de Saint-Dizier, témoin de la scène : « J'avais un désespoir atroce en songeant à la fin tragique de mon mari. Il était incroyant et je ne vivais que de la pensée de le ramener à Dieu et il s'est noyé par un suicide volontaire ! Je ne pouvais le croire que damné – oh ! ne plus jamais nous revoir –. Et vous avez entendu ce que m'a dit et redit le Curé d'Ars : Il est sauvé, je le reverrai donc au ciel »[41].

Voyez cette délicatesse de Jésus et de la Sainte Vierge. On a fait quelque bien qu'on a oublié soi-même, mais qu'ils n'ont pas oublié, eux, et au moment voulu, ils en profitent si je peux dire. Jésus profite de tout pour nous sauver. Que nous serons émerveillés au ciel quand nous verrons cela ! Certains font de lui un juge qui frappe et se venge, quand il cherche à nous sauver par tous les moyens.

41. Lisez dans la vie du Curé d'Ars par Mgr Trochu, p.631, les détails très certains de ce fait si encourageant, Ed. Vitte, 1929.

VIII

LA CROIX

Il faut bien le dire, tout le long de votre vie, à chaque pas, vous trouverez la croix de votre divin Modèle, de votre Roi crucifié et couronné d'épines, Jésus. L'humiliation est une croix amère. L'abandon est une vraie crucifixion quand il est bien compris. La messe et la communion sont inséparables du calvaire. Pas de réparation sans pénitence et sans sacrifice. Dans l'apostolat, la monnaie pour acheter les âmes, c'est la souffrance acceptée avec amour. Supprimez la croix de votre vie, tout s'affaisse. La croix est la structure. Comme elle a porté le Sauveur, elle porte le salut, elle doit nous porter nous aussi, et toutes nos œuvres.

Tous ici, je n'ai pas besoin de vous le demander, vous avez souffert et vous souffrirez encore. Je suis sûr de vous donner un grand réconfort en vous parlant du prix de la croix.

Mais ne regardez jamais la croix sans Jésus. Si je dois porter la croix tout seul, je renonce d'avance. Je ne veux pas toucher du bout du doigt ce fardeau rebutant ; je suis trop faible, trop lâche, trop sensible ; c'est trop dur de souffrir. Je mérite cent fois de souffrir sans vous, mais, Jésus, c'est avec vous que je veux souffrir. Avec vous, j'accepte toutes les croix, toutes, si vous les portez avec moi. Vous pourrez vous cacher, vous pourrez faire comme si vous n'étiez pas là, comme si je la portais tout seul, je veux bien, à une condition, c'est que vous soyez caché dans mon cœur.

Comment être chrétiens, les sujets d'un Roi couronné d'épines, baptisés dans son sang, absous si souvent dans son sang, communiant tous les jours, à la messe, à son immolation, et fuir la croix ? Ce serait oublier que la croix est une invention merveilleuse de la miséricorde divine pour nous donner l'occasion de prouver à Jésus que nous l'aimons. Qu'est-ce qu'un amour qui ne se prouve pas ? Je vous le disais, l'amour est un choix. Quel mérite à choisir Jésus si nous n'avions à le suivre que sur un chemin de roses ? Comment savoir si c'est lui ou les roses du chemin que nous suivrions ? Il veut être aimé pour lui-même, pas pour ses dons. Il ne veut pas de l'aventure des riches qui perdent leurs amis au jour où, ruinés, ils ne peuvent plus leur faire des cadeaux.

Il est jaloux de notre vrai amour. Sans la croix il y aurait beaucoup plus de fidèles dans le monde ; serait-ce des âmes aimantes ? Toute l'éternité, il veut pouvoir nous remercier de l'avoir choisi, lui, dans le sacrifice, d'avoir partagé avec lui sa croix. Quand il nous présente une souffrance, disait Petite Thérèse, c'est qu'il veut de nous un présent. Quel présent ? Un sourire sur la croix. Il mendie notre amour, prouvé par la souffrance, pour pouvoir dire : « C'est vous qui êtes resté avec moi dans l'épreuve ». Que ce sera doux quand nous entendrons, pendant toute l'éternité, ces mots tombés des lèvres de Jésus ou plutôt du fond de son Cœur : « Vous êtes, vous, ceux qui sont demeurés constamment avec moi dans mes épreuves et moi je dispose pour vous du Royaume, comme mon Père en a disposé pour moi. Vous mangerez et boirez à ma table en mon Royaume »[1]. A sa table ! Dans son Royaume !

Une autre raison d'aimer la croix, c'est qu'elle est la part de votre Sauveur, donc votre part à vous. Est-ce que nous ne devons pas trouver bon ce qu'il a choisi pour lui, pour sa Mère ? Est-ce que nous pouvons désirer qu'il choisisse autre chose pour nous ? Il ne veut pas que nous considérions comme un mal ce qui lui a servi à nous sauver. Deux personnes s'aiment-elles si l'une regarde avec horreur ce que l'autre regarde avec amour ? Quand on s'aime, on a les mêmes goûts et Jésus veut que l'on partage avec lui son goût pour la croix. Quand on s'aime, on veut se ressembler.

Saint Paul disait : « Je prêche Jésus, mais Jésus crucifié »[2]. Saint André, apercevant la croix à laquelle il allait être attaché : « Chère croix, sois la bienvenue, bonne croix qui va me permettre de mourir comme mon Maître bien-aimé ». Saint François d'Assise, passionné de

1. Lc 22, 28.

2. 1 Co 1, 23.

la croix jusqu'à mériter de porter dans son corps les stigmates de Notre-Seigneur. Sainte Thérèse d'Avila s'écriant : « Ou souffrir ou mourir ». Sainte Marguerite-Marie, amoureuse de son abjection. Sainte Petite Thérèse cachant sous des roses les plaies de son crucifix et cachant de la même façon sous les roses de ses sourires, peut-on dire, ses épreuves intérieures et qui sonda « les trésors cachés dans la Sainte Face »[3].

De plus, la souffrance nous aide à nous détacher de la terre, à regarder plus haut, à nous rappeler que la terre est un passage. Voilà pourquoi on trouve si souvent que les pauvres, les souffrants, sont beaucoup plus près de Notre-Seigneur que les autres. La douleur élève, la douleur grandit, la douleur libère. On a remarqué que dans les régions riches où les habitants ont une grande aisance, ils deviennent très vite matérialistes, égoïstes, indifférents ; ils ont pour ainsi dire leur récompense sur la terre. Au contraire, ceux qui souffrent, à condition qu'ils ne se révoltent pas, regardent vers le ciel, pensent à l'éternité.

3. M.A., p. 177.

Une grande croix est très souvent le prélude d'un grand coup de la grâce, même chez un incroyant ; la souffrance mûrit l'âme, parfois, en peu de temps. Une grande épreuve peut d'un seul coup détacher une âme de tout le créé, être à l'origine d'une conversion totale.

Dieu nous a ménagé des joies merveilleuses sur cette terre. Il serait ingrat de l'oublier. Tant de beautés qui sont les reflets de la sienne nous élèvent vers lui quand elles ne nous en détournent pas. Mais aucune, ici-bas, n'est parfaite et elles doivent toujours nous faire penser à la patrie du bonheur sans ombre, comme le chante le beau *Poème de l'Espérance* de Marietta Martin :

« Un jour, il n'y aura plus de mots d'amour non exprimés,
il n'y aura plus de désirs étouffés,
il n'y aura plus de présences muettes,
toutes les voix seront perceptibles,
le voile que soulève la musique ne se baissera plus,
il n'y aura plus d'espace inaccessible,
et le rouleau du temps se dépliera présent,
toutes les parcelles sœurs des âmes se joindront,
les couchers de soleil seront expliqués,
la beauté perdra son angoisse,

la création sera la parole claire de la divinité,
un jour comme un beau voyage
vers les morts aimés ».

Tous les privilégiés de l'Amour sont éprouvés. Quand je constate qu'une âme est très unie à Jésus, très intime avec lui, je n'ai pas besoin de lui poser la question : « Avez-vous souffert dans votre vie ? Avez-vous eu des épreuves, des croix, des amertumes ? » Je suis sûr qu'elle est passée par le chemin du calvaire pour arriver à cette union avec le divin Crucifié.

Donc la croix est un moyen pour Jésus de ramener à lui ceux qui ne l'aiment pas, de rapprocher de lui ceux qui ne l'aiment pas assez et de consommer en lui ceux qui l'aiment.

La souffrance est une expiation du péché. Jésus a voulu laver nos crimes dans son sang mais, pour participer à cette rédemption douloureuse, il faut que nous sachions, nous aussi, être en patie « hommes de douleurs ». C'est une loi inéluctable, il faut en passer par là. On comprend qu'on ne puisse expier le péché qui est une jouissance coupable que par la souffrance. Pénitence, pénitence, les saints Livres sont remplis de ce mot. La Sainte Vierge nous le rappelle à Lourdes, à La Salette et à Fatima.

Pour entrer dans une patrie aussi merveilleuse que le ciel, pour paraître devant le Dieu d'infinie pureté et beauté, pour le voir face à face, pour participer à la nature divine, pour prendre part à la vie intime de la Sainte Trinité — puisque c'est là notre prédestination sublime —, pour connaître Dieu comme il se connaît, l'aimer comme il s'aime, il faut que nous soyons purifiés comme l'or dans le creuset ; il nous faut la robe nuptiale, lavée dans le sang de l'Agneau, mais lavée aussi dans le sang de nos âmes que sont nos larmes.

Mais, et j'insiste sur ce mais, ne vous arrêtez jamais à la seule idée d'expiation par la croix sans aller plus loin. Que l'on ait à expier ou non, la croix est toujours donnée par amour. Elle est toujours présentée par Jésus dans un dessein d'amour. Elle est toujours une occasion de prouver notre amour et si vous la prenez ainsi, c'est alors qu'elle prendra, elle, sa plus belle valeur d'expiation. Donc, dans toutes vos croix vous pouvez dire : « Seigneur, je l'accepte surtout comme une preuve de votre amour pour moi ». Voilà jusqu'où doit aller votre foi : voir l'amour de Jésus dans toutes vos croix.

On voit toujours dans la croix une réparation et on ne voit pas assez dans la croix une préparation. Elle est une préparation aux grâces que Jésus veut nous faire, dont il veut nous combler ; c'est un cadeau qu'il nous fait : « Veux-tu accepter une épine de ma couronne à moi, teinte de mon sang ? Veux-tu accepter une parcelle de ma croix, c'est par amour que je te l'offre, c'est par amour que je te la donne, c'est par amour que je te l'impose. Si tu acceptes, avec joie, ce don de mon Cœur blessé, tu me permets de te combler de mes grâces ».

J'insiste beaucoup sur ce point parce que c'est une notion qui n'est pas courante. On accepte la croix très généreusement, souvent, en disant : « Je l'ai bien méritée ». On la voit comme un juste châtiment, une conséquence de ses infidélités. Montant un peu plus haut, on l'accepte comme une expiation de ses fautes. On monte rarement jusqu'à voir une attention de Jésus, une délicatesse de Jésus, une preuve de sa tendresse, dans les croix qu'il nous envoie. Et pourtant, c'est toujours cela.

N'est-ce pas vrai, dites-le moi, que votre première pensée quand vous êtes durement éprouvé, c'est, après un sursaut de révolte de la nature, peut-être d'accepter votre croix, en ployant le dos, comme une conséquence méritée de vos fautes et d'en rester là ? C'est juste en partie, mais ce n'est pas assez croire à l'Amour. C'est le sentiment d'un esclave et pas d'un ami.

De plus, la croix est un moyen sans prix pour acheter des âmes. Je vous ai déjà parlé de l'apostolat par la souffrance. Par délicatesse Jésus ne veut pas sauver les âmes sans nous y associer et c'est par la croix qu'elles sont rachetées. Quand on souffre beaucoup, que l'on se sent si faible sous le poids de la douleur, c'est une grande force de dire à Jésus : « Je souffre et je suis heureux de souffrir parce que c'est un don de votre amour ; mais, en échange, donnez-moi des âmes. Je suis sûr que vous me donnez les âmes de ceux que j'aime et qui ne vous aiment pas ». Cela donne un grand courage pour souffrir. Non seulement lui dire : « Donnez-les moi », mais : « Je suis sûr que vous me les donnez en échange de ces souffrances. Je paie la rançon, j'avance la monnaie. Jésus, ce n'est pas vous qui serez en reste en fait de générosité ». Pensez à tous ceux à qui vous achetez une béatitude éternelle par une souffrance qui est malgré tout passagère. La souffrance est une mine d'or à exploiter pour sauver les âmes, pour aider les missionnaires, pour être apôtre caché. Quel bonheur de pouvoir souffrir, ne pouvant agir !

Il est impossible de remplir sa mission chrétienne sur la terre sans souffrir. Il semble que plus les missions sont grandes, plus les croix le sont aussi et plus elles sont lourdes. Les croix des parents, les croix des apôtres, les croix des prêtres, les croix des évêques, les croix du Pape. Il faut arroser de larmes jaillissant sous le pressoir de la douleur le champ que le Seigneur nous a donné à travailler pour qu'il soit fécond.

Que de raisons qui s'imposent, nombreuses, éloquentes, d'aimer la croix et comme on les oublie dans le courant de la vie. Dans nos journées que de plans, de petits calculs — très souvent inconscients, il faut le dire — qui ne tendent qu'à éviter une souffrance. On la fuit dans le premier mouvement de notre nature qui y répugne tellement et, de cela, il ne faut pas s'étonner. On se surprend : « Tiens, j'ai fait ce petit plan, pourquoi ? Au fond, c'était pour éviter un ennui, une humiliation ». Non, ne pas s'en vouloir de ce premier mouvement instinctif de la nature. Si elle ne se cabrait pas, c'est qu'il n'y aurait pas de souffrance. Ses premiers réflexes sont pour écarter ce qui fait mal.

Donc ne pas s'étonner de cette misère mais être dans cet état d'âme, dans cette disposition – je reviens toujours là – cette disposition de dire à Jésus : « Je ne crains aucune croix parce que je sais qu'avec elle vous venez toujours ». On ne trouve jamais le Crucifié sans la croix et jamais non plus la croix sans le Crucifié. Elle apporte toujours Jésus. Je la serre sur ma poitrine pour le serrer lui-même, en même temps, sur mon cœur. Lui dire alors : « Avec vous je ne crains aucune croix ».

Remarquez que ce n'est pas demander la croix. Petite Thérèse, quelques semaines avant sa mort, disait : « Oh ! je ne voudrais jamais demander au Bon Dieu des souffrances plus grandes car je suis trop petite. Elles deviendraient mes souffrances à moi, je serais forcée de les supporter seule et je n'ai jamais rien pu faire toute seule »[4].

On hésite, quand même, à faire une telle prière parce qu'on a peur. Sans demander la croix, dire qu'on est prêt à recevoir celles que Jésus vous enverra, cela fait peur, cela fait frémir la nature, je le comprends bien. Mais c'est une magnifique occasion de générosité et de confiance. « Tout ce que vous permettrez pour moi sera grâce de votre part et vous serez là avec moi. Je ne crains pas la croix, parce que je ne vous crains pas, vous, Roi d'amour ». Il ne permettra jamais que la croix vous écrase ; au contraire, elle vous élèvera vers le ciel ; ce n'est plus vous qui la porterez, c'est elle qui vous portera. Jésus a pris sur lui le plus amer et il y ajoutera un baume avant de vous l'imposer, c'est certain. La douceur des croix acceptées avec joie de volonté, il y a là un grand mystère et cependant c'est très réel. C'est pourquoi il faut l'embrasser à pleins bras. Si vous hésitez, si vous la traînez, elle devient insupportable de lourdeur. Jésus en retirera la dou-

4. N.V., p. 136.

ceur parce que vous vous serez détourné de lui, en vous détournant d'elle.

Allons plus loin encore en disant : bonheur et souffrance sont inséparables. On craint de faire une telle affirmation parce que le monde vous traite de fou. Comment ? Dire que bonheur et souffrance sont inséparables, mais c'est juste le contraire. Ce n'est pas moi qui le dis, c'est Jésus dans les béatitudes. Ouvrez l'Evangile au Sermon sur la montagne. Que nous dit-il ? Bienheureux ceux qui pleurent, bienheureux les pauvres, bienheureux ceux qui souffrent. Voilà bien l'affirmation que vrai bonheur et souffrance sont inséparables. On traite de folie ce qui nous vient tout droit du divin Maître.

C'est que les sentences du monde sont exactement opposées aux sentences du Sermon sur la montagne. Jésus dit : Bienheureux les purs, le monde dit : Bienheureux les viveurs ; Jésus dit : Bienheureux ceux qui pleurent, le monde dit : Bienheureux ceux qui rient et s'amusent ; Jésus dit : Bienheureux les doux, les miséricordieux, le monde dit : Bienheureux ceux qui s'imposent et qui dominent ; bienheureux les pauvres, bienheureux les riches ; bienheureux ceux qui souffrent, bienheureux ceux qui jouissent. Il faut revenir au Sermon sur la montagne. Il ne faut pas avoir peur de dire ce qu'a dit Jésus et de l'affirmer après lui. On prêche trop peu les béatitudes. On parle trop peu du ciel parce que Jésus dit : Bienheureux dès cette terre, mais surtout là-haut n'est-ce pas ? Les seuls, les vrais heureux ce sont ceux qui ont choisi Jésus et sa croix sur la terre, ce sont des voleurs de bonheur parce qu'ils sont heureux au centuple dès ici-bas et que sera-ce pendant toute l'éternité ! Penser au ciel ce n'est pas de l'égoïsme, c'est se plonger, avec ravissement, dans la justice et l'amour infinis de Dieu.

Malgré cela, ne croyez pas que Jésus ne souffre pas de vous faire souffrir. Toutes nos souffrances, il les a portées, il les a endurées lui-même à Gethsémani et au Calvaire, mais il sait qu'elles nous sont nécessaires, alors « il nous les envoie comme en détournant la tête », dit Petite Thérèse[5], comme s'il n'avait pas le courage de nous regarder souffrir. Mais il voit

5. *Esprit de Sainte-Thérèse de l'Enfant-Jésus*, p. 108.

en même temps la béatitude qu'elle nous vaudra, la gloire qu'elle achète pour son Père, pour lui, pour nous et les grâces qu'elle mérite pour les âmes ; alors par amour, par miséricorde, par tendresse, il n'hésite plus à en charger nos pauvres épaules, en continuant à la soutenir lui-même, en se faisant lui-même notre Cyrénéen.

Vous voyez, nous sommes loin, bien loin de la notion janséniste de la souffrance : châtiment, malédiction d'un Dieu vengeur qui nous écrase. Ce n'est pas un Dieu vengeur, mais un Dieu plein de douceur qui nous la donne et avec un tel amour. On comprend alors qu'il ait fait de sa Mère bien-aimée la Reine des martyrs. C'est un bon exemple à donner à ceux qui souffrent sans comprendre : « Voyez comme il a traité sa mère. Est-ce qu'il ne l'aimait pas, est-ce qu'il ne l'aimait pas plus que tout au monde ? Il en a fait la Reine des martyrs ». Puisque nous le remercierons toute l'éternité du temps passé dans l'épreuve, eh bien, bénissons-le dès maintenant.

Faut-il demander la croix ? Non. Faut-il la chercher ? Non plus. Vivez cette doctrine d'abandon que je vous ai tant prêchée pendant cette retraite ; acceptez, en bénissant, tout ce qui vous arrive ; dites un continuel « merci pour tout Jésus » ; cela suffit. Ne demandez pas de croix, mais sachez accepter avec joie celles que Jésus a choisies pour vous. D'ailleurs les croix ne manquent pas. Sanctifiez-vous avec vos devoirs d'état, dans votre vie quotidienne prise avec ses épines, acceptez tout le devoir, toute la charge, le sourire aux lèvres, sourire de volonté, je dis bien de volonté. Les plus beaux sourires sont ceux que l'on fait à travers les larmes qui coulent, malgré soi.

Acceptez les croix non prévues, ce sont les plus pénibles ; la maladie qui vous immobilise, se sentir inutile et à charge aux autres, savoir qu'on est nécessaire et être empêché de faire ce qu'on devrait faire ; les humiliations, les contradictions, les médisances, les calomnies, les ingratitudes, les mauvaises volontés, les critiques, les bonnes intentions mal jugées, les brouilles de famille, les deuils si douloureux, les séparations, les revers de fortune. Se supporter soi-même avec ses mille misères physiques, intellectuelles et morales. Sans compter les angoisses voulues par Dieu, tel le curé d'Ars. Que de souffrances tout au long de notre vie.

Et encore la croix d'avoir mal porté la croix. Il y a ici quelque chose de très pratique. Que de fois m'a-t-on dit : « J'avais pris la résolution d'être généreux dans la souffrance. Voilà une épreuve, j'ai regimbé, je me suis même révolté. Que de mérites perdus ! » On ajoute ainsi à sa croix celle de l'avoir mal portée. C'est ici que « Nous voudrions souffrir généreusement, nous voudrions ne jamais tomber, quelle illusion ! ». Voyez quel illogisme : gémir d'avoir gémi et continuer à gémir ! Non ! Dites à Jésus : « Maintenant j'accepte cette croix que vous m'avez envoyée, que j'ai repoussée, et j'accepte de ne l'avoir pas acceptée tout de suite ». Voilà la grande ressource de l'humble confiance poussée jusqu'à ses extrêmes limites. Vous pouvez toujours dans la minute présente vous jeter dans les bras de Jésus, toujours ouverts pour vous recevoir. C'est le moment présent qui importe. Vous pouvez toujours dans le moment présent tirer parti de tout le passé en le lui donnant, pour vous enfoncer au fond de son cœur.

Que de gens dans le monde traînent leur croix comme un boulet ! Un bel apostolat à faire auprès des personnes qui viennent à vous : leur apprendre le prix de la croix, la joie dans la croix. Les âmes comprennent cela, elles comprennent tout ce qui est vérité divine puisqu'elles sont faites, créées et modelées par Dieu pour la comprendre. Mais il faut savoir la leur dire avec beaucoup de délicatesse et beaucoup de compassion, en même temps que de conviction.

Il faut toujours commencer par la compassion quand on parle à ceux qui souffrent physiquement ou moralement. Commencez par partager les souffrances. Dites : « Je vous comprends, je comprends que vous souffriez tellement, je comprends vos plaintes ». Puis tâchez par tous les moyens de remédier à ces souffrances, de soigner les plaies, d'être le bon samaritain. Si Jésus, qui pleura sur le tombeau de Lazare, vit dans votre cœur, lui-même vous inspirera que dire et que faire, parce que c'est ce qu'il a fait, lui, toujours. La compassion, la compassion, quelle grande chose ! Marie au Calvaire a été associée à Jésus dans la Rédemption, par sa compassion d'amour. Souffrir avec ceux qui souffrent, faire tout son possible pour les aider, les soulager, mais toujours avec cette même délicatesse, leur faire comprendre peu à peu le prix de la croix, qu'il y a une autre vie, que si Jésus envoie la croix, c'est toujours par amour. Nous n'aurons pas assez de l'éternité pour le remercier de nous avoir envoyé des croix qui nous auront permis de mériter un petit peu cette béatitude qui sera la nôtre et qui ne finira jamais.

Une personne me disait : « Quand Jésus me donne une croix, c'est Sa Croix qu'il met réellement sur mes épaules et il en est déchargé d'autant ».

Un grand trésor de la souffrance encore, c'est qu'elle apprend à compatir. Quand on a souffert soi-même, on comprend beaucoup mieux les souffrances des autres.

Et puis, Jésus dose les douleurs et les joies avec tant de délicatesse et de tendresse. Il m'est arrivé de lui dire : « Il me semble que doit se poser pour vous un problème pour chacun de nous. Vous qui savez le prix de la souffrance, vous devez vouloir ne pas l'épargner à vos privilégiés. D'autre part, vous n'avez pas le courage de les faire trop souffrir. Quel dilemme pour vous. Oh ! je sais comment votre cœur l'a résolu. Vous puisez d'abord dans vos souffrances indicibles à vous et vous nous les attribuez comme si elles étaient nôtres. Ensuite, avec douceur et en détournant la tête, vous les partagez avec nous, dosant notre souffrance avec suavité et nous donnant toute grâce voulue pour la porter. Enfin vous nous rappelez que l'amour est tout ».

Il y a une certaine union d'amour qui ne se réalise que dans la douleur partagée. Un retraitant me confiait : « En somme, dans la vie, on va d'échec en échec. Qu'il est bon de savoir que Jésus, si on est uni à Lui, transforme tous ces échecs en victoires ».

Ecoutez Marie Noël : « Et lui, le Seigneur, que me donnera-t-il pour nos noces d'or ? J'ai bien peur que ce ne soit qu'un gros bouquet d'épines. Ce sont ses cadeaux à lui. Mais je le recevrai en lui baisant les mains. Toutes les épines qu'il m'a données, à la longue ont toujours fleuries »[6]. Qu'en peu de mots un pur

6. *Notes intimes*, Ed. Stock, p. 265.

poète exprime des vérités profondes et justes, comme une thèse de théologie, qui vont tout droit au fond de votre cœur sur les ailes de la poésie. L'Esprit-Saint sait être poète quand il veut.

Saint Pierre disait : « Il vous faudra encore quelque temps être affligés de diverses épreuves afin que la valeur de votre foi, plus précieuse que l'or périssable que l'on vérifie par le feu, devienne un sujet de louange, de gloire et d'honneur, lors de la Révélation de Jésus-Christ »[7].

Le seul, l'unique drame, c'est la mort de Jésus. Tous nos drames à nous se fondent dans le grand drame du Calvaire. Mais elle est suivie de sa Résurrection et de la nôtre.

Quel bienfait cette doctrine de l'Amour ! Elle délivre les âmes qui prennent un nouvel essor, leur vie est changée. « Tous mes horizons sont autres, disent-elles, je vois les choses tout différemment que je ne le voyais. Comme je me sens plus heureux ! »

Pris dans cet engrenage de la confiance, le croyant va de confiance en confiance. Un acte

7. 1 P 1, 6.

de confiance attire en lui Jésus qui l'éclaire sur la confiance ; il s'y enfonce alors de nouveau. Oui ! on est pris dans un merveilleux engrenage, l'engrenage de l'amour confiant.

Ayez une immense dévotion à ce signe extraordinaire, devenu trop ordinaire par routine, qu'est le Signe de la Croix.

Si vous le voulez et vous le croyez, chaque fois que vous le faites, vous attirez sur vous la bonté infinie du Père des Miséricordes, l'Esprit d'Amour se répand dans vos cœurs, vous vous revêtez de Jésus-Christ[8]. Vous vous couvrez en un instant de son sang qui vous libère et vous purifie. Vous faites vôtre la Rédemption. Vous vous unissez à « l'Agneau immolé et ressuscité qui intercède sans cesse pour nous dans le ciel »[9]. Vous glorifiez la Sainte Trinité. Un geste qui vous prend quelques secondes, que vous pouvez faire cent fois par jour et qui vous plonge chaque fois dans l'éternité. Il y a même un bonheur physique à se recouvrir ainsi du Signe de la Croix.

8. Rm 13, 14.

9. Ap 5, 6 ; He 7, 25.

Dans le dessein divin de la mort du Sauveur sur une Croix, entra sûrement la pensée de la facilité que nous aurions à nous unir, par un simple signe sur nous-mêmes, à ce mystère du plus grand amour qui est de donner sa vie pour celui qu'on aime[10].

Comme Jésus nous a adouci, embelli, facilité les choses par tant de souffrances ! Je ne vous demande pas de penser à tout cela, chaque fois que vous ferez le Signe de la Croix, mais de le savoir et d'en être sûrs.

Donc, sachez faire de toutes vos croix vos joies. Nous n'avons qu'une vie, une seule et bien courte, pour souffrir en aimant, pour aimer en souffrant ; n'en perdons pas une minute. Jean XXIII sur son lit de mort disait : « C'est bon de souffrir en aimant ». Si on pouvait regretter quelque chose là-haut, ce serait de n'avoir pas assez souffert ici-bas, la souffrance féconde, la souffrance glorieuse, la croix de Jésus. *Ave bona crux ! O crux, ave, spes unica !* Le Père Damien l'avait compris quand il écrivait à son Supérieur : « Il n'y a plus de doute

10. Jn 15, 13.

pour moi, je suis lépreux. Que le Bon Dieu soit béni ! »

A la question : Le Christ aurait-il pu nous sauver sans souffrir et sans mourir ? Saint Thomas[11] répond que sa mort n'était en soi nullement nécessaire, mais il expose les bienfaits que la passion nous procure en plus de notre réconciliation avec Dieu.

Tout d'abord, par la Passion de Jésus-Christ l'homme a connu combien Dieu l'aimait et il fut ainsi provoqué à aimer Dieu en retour, ce qui est la perfection du salut de l'homme.

Par sa Passion, le Christ nous a donné un exemple d'humilité, de constance, de justice, d'obéissance et des autres vertus nécessaires à notre salut.

Par sa Passion, il a non seulement libéré l'homme du péché, mais il lui a mérité la grâce de la justification, de la gloire, de la béatitude.

Il l'a poussé à se garder pur du péché suivant le mot de saint Paul : « Vous avez été acheté pour un très grand prix. Glorifiez donc Dieu dans votre corps »[12].

11. III, 9. 46 a. 3.

12. 1 Co 6, 20.

L'homme a atteint une plus haute dignité. Trompé et vaincu par le diable, l'homme devait le vaincre à son tour ; ayant mérité la mort, il devait aussi, en mourant, l'emporter sur la mort. « O mort, où est-elle ta victoire ? »

Ayant lui-même souffert l'épreuve, Jésus peut mieux secourir ceux qui sont éprouvés.

Le péché est vaincu par l'amour, « fort comme la mort »[13], de Jésus pour son Père et pour nous. Ce fut comme un complot d'amour miséricordieux entre le Père et le Fils. Il est faux de penser que le Père a traité durement son Fils, c'est même inconcevable. Non ! leur dessein commun était de nous réunir à eux, dans le « sang de l'alliance ».

Saint Thomas dit encore que la mort du Christ ne fut pas causée par le péché, mais par son amour, à l'occasion de nos péchés. Ce sont nos péchés qui crucifient Jésus, mais ils le crucifient parce qu'il nous aime d'un amour miséricordieux. C'est cet amour qui nous rachète et qui nous sauve[14] ; Jésus s'est livré par

13. Ct 8, 6.

14. Lire *La Rédemption par le sang*, par le Père Philippe de la Trinité.

amour[15] ; Dieu est amour, la mort de Jésus en est la grande révélation.

Et comme le montre lumineusement le Père F.-X. Durrwell[16] : La croix ne se peut pleinement comprendre que dans la perspective de la Résurrection... le sacrifice du Christ ne trouve son achèvement que dans la Résurrection et la glorification du Sauveur.

La mort et la Résurrection se partagent l'œuvre de notre salut. La Résurrection a fait rejaillir visiblement sur l'Humanité Sainte du Sauveur la gloire de la divinité. Du corps glorifié de Jésus, l'Esprit-Saint se répand sur les fidèles, pour leur communiquer la divinisation dont la glorification du Christ est le principe.

Et nous voici en plein mystère pascal : « Nous avons donc été ensevelis avec lui par le baptême dans la mort afin que, comme le Christ est ressuscité des morts par la gloire du Père, nous vivions, nous aussi, dans une vie nouvelle »[17].

15. Jn 13, 1.

16. *La Résurrection de Jésus, mystère de salut.*

17. Rm 6, 4.

« Venez Esprit-Saint, remplissez les cœurs de vos fidèles et allumez en eux le feu de votre Amour ».

Il nous divinise en mettant le feu dans nos cœurs. Ce feu, c'est l'Amour consumant et transformant, c'est la Trinité sainte brûlant de nous sauver à tout prix.

IX

L'EUCHARISTIE

Ecoutons d'abord le Concile : « Notre Sauveur, à la dernière Cène, la nuit où il était livré, institua le Sacrifice eucharistique de son Corps et de son Sang, pour perpétuer le sacrifice de la croix, au long des siècles, jusqu'à ce qu'il vienne, et en outre, pour confier à l'Eglise, son épouse bien-aimée, le mémorial de sa mort et de sa résurrection : sacrement de l'amour, signe de l'unité, lien de la charité, banquet pascal dans lequel le Christ est mangé, l'âme est comblée de grâces et le gage de la gloire future nous est donné »[1].

La messe commémore le sacrifice de la Croix : « Toutes les fois que vous mangerez ce pain et que vous boirez ce vin, vous annonce-

1. Vatican II, *De Sacra Liturgia*, 47.

rez la mort du Seigneur »[2]. Mais elle n'est pas un simple rappel : « Elle est un vrai sacrifice au sens propre dans lequel, par une immolation non sanglante, le Souverain Prêtre fait ce qu'il a fait sur la Croix, en s'offrant lui-même au Père comme une hostie très agréable.

C'est le même Prêtre, Jésus-Christ, dont la personne sacrée est représentée par son ministre. C'est la même Victime, le divin Rédempteur. La manière dont le Christ est offert est cependant différente. Sur la Croix l'immolation de la Victime fut réalisée par une mort sanglante, sur l'autel au contraire, à cause de l'état glorieux de sa nature humaine, l'effusion du sang n'est plus possible, mais la divine sagesse a trouvé un moyen admirable de « rendre manifeste » le sacrifice de notre Rédempteur par des signes extérieurs, symboles de mort. En effet, par le moyen de la transsubstantiation du pain au corps et du vin au sang du Christ, son corps se trouve réellement présent de même que son sang, et les espèces eucharistiques sous lesquelles il se trouve symbolisent la séparation du corps et du sang. Ainsi le souvenir de

2. 1 Co 11, 26.

sa mort réelle sur le Calvaire est renouvelé dans le sacrifice de l'autel, la séparation des symboles indique que Jésus-Christ est en état de victime »[3].

Le Christ, réellement présent à la sainte messe, offre au Père céleste sous forme sacramentelle son immolation de la Croix.

Jésus et tous les trésors du ciel sont à nous sur l'autel. Je vous le disais : il faut faire nôtres les mérites de Jésus. Où les trouverez-vous ? A l'autel de la messe où vous recevez non seulement la grâce, mais l'Auteur de la grâce. « Toutes les fois que le souvenir de ce Sacrifice est célébré, l'œuvre de notre Rédemption s'accomplit »[4].

La messe est l'acte divin autour duquel gravite la vie de l'Eglise et dont elle est le rayonnement ; le centre d'où elle reçoit toutes les impulsions et vers lequel elle se dirige sans cesse ; la source vive dont elle sort et l'océan où elle rentre. C'est le sacrifice de la Rédemption à la fois éternel et perpétué dans le temps, au ciel devant Dieu, sur la terre parmi nous.

3. Pie XII, *Mediator Dei.*

4. Secrète du 9e dimanche après la Pentecôte.

Le sacrifice est-il l'acte essentiel de toute religion du fait que la destruction de la vie humaine est l'hommage absolu dû à la majesté suprême et l'expression de son domaine sur la vie et sur la mort ?

Saint Thomas considère les choses autrement. Il voit Dieu non pas tout d'abord comme le Souverain Maître, mais comme Fin suprême attirant à lui tous les êtres. Il n'a pas à recevoir d'eux, mais il veut leur communiquer sa bonté ».

« An divitias bonitatis ejus contemnis ? » « Méprises-tu les richesses de sa bonté ? »[5].

Dans une belle page sur l'Eucharistie le cardinal Charost écrivait : « C'est pour reconnaître l'infinie bonté de Dieu qui est Amour, son droit à être aimé et honoré d'un culte suprême, c'est pour proclamer que Dieu est son Bien souverain, c'est pour obéir à la reconnaissance, sentiment aussi profond, plus profond que celui de notre dépendance, que dans le sacrifice l'homme se donne ou plutôt se rend tout entier à Dieu ».

5. Rm 2, 4.

Si l'homme n'avait pas péché, le sacrifice n'aurait pas été sanglant. Depuis le péché, l'homme doit reconnaître que la mort lui est due : *« Stipendia peccati mors »*[6] et qu'en offrant la victime il veut refaire l'ordre de la justice divine. Mais l'injustice, c'est le mépris de l'amour infini, il doit être réparé par un amour infini.

Cet amour infini, c'est Jésus qui l'a offert à son Père sur la Croix et le lui offre dans l'Eucharistie. Prêtre unique, unique victime immolée par un double amour : Action de grâce pour son Père, Miséricorde pour nous. Il veut satisfaire à sa justice, mais surtout contenter son cœur par un excès d'amour compensant l'ingratitude des hommes.

C'est l'Amour éternel de Jésus pour son Père qui rend brûlantes les pages de son Evangile. Pour que la flamme d'amour monte plus haut, il la nourrit par la douleur. Ainsi, bien des âmes cachent leur sacrifice comme Jésus le sien, heureuses de souffrir et de mourir pour aimer Dieu davantage.

6. Rm 6, 23.

On comprend alors que Dieu ne nous châtie pas comme il châtiait sous l'ancienne loi, quoique le monde actuel semble être autant que jamais sous l'empire de Satan. C'est qu'il y a toujours entre la terre et le ciel une Hostie qui se lève, en même temps que le soleil, et qui crie : « Père, Miséricorde ». Le Père entend son Fils bien-aimé en qui il a mis toutes ses complaisances[7], et il l'écoute.

Dieu a créé par amour et pour sa gloire l'homme, avec son intelligence pour le connaître, son cœur pour l'aimer, sa volonté pour le servir. Aussi devons-nous considérer l'infinie majesté de Dieu qui est à la fois notre premier principe et notre dernière fin ; c'est de lui que nous tenons tout ce que nous avons et tout ce que nous sommes. Nous devons lui soumettre esprit, cœur, volonté, tout notre être dans l'adoration, l'action de grâce, la demande et, parce que pécheurs, l'expiation. C'est le sacrifice eucharistique qui exprime ces devoirs et traduit ces sentiments. La valeur du sacrifice se mesure à la dignité de la victime et à la sain-

7. Mt 3, 17.

teté du prêtre. Il n'y a qu'un sacrifice glorieux à Dieu, celui du Verbe incarné.

La sainte messe est donc l'adoration parfaite, l'action de grâce plénière, la satisfaction sans prix, la prière toute-puissante.

Des théologiens contemporains ont projeté sur la Rédemption et sur l'Eucharistie des lumières nouvelles qui éclairent l'intelligence et qui réchauffent le cœur car elles nous montrent encore mieux, selon la parole du curé d'Ars, que « dans le cœur de Dieu, il n'y a que de l'amour ».

Comme Jésus a réservé la révélation des secrets les plus intimes de son Cœur pour réchauffer son peuple refroidi par le jansénisme, il semble qu'il ait réservé ces lumières nouvelles sur la Rédemption pour notre époque, où l'athéisme fait de si grands ravages, afin d'attirer par l'amour à la sainte Eglise ceux qui en sont éloignés.

Les fins du Sacrifice sont éclairées par la notion approfondie du sang de la nouvelle alliance pour la rémission des péchés[8], en vue de

8. Mt 26, 28 ; 1 Co 11, 25.

notre réconciliation avec Dieu. Le Sang de l'Agneau pascal, le Sang de l'Alliance, exprime le lien d'amour qui s'établit entre Dieu et son peuple.

Le Sacrifice est ainsi que le repas pascal une action de grâce. Quant à l'office du Grand-Prêtre qui est d'expier les péchés du peuple[9], c'est par mode d'intercession que le Christ l'accomplit. Il est notre propitiation[10], celui par qui Dieu nous est propice, nous pardonne nos péchés et nous vivifie. Notre Rédemption a été une libération par la mort et la résurrection du Christ, libération acquise, mais non pas rachat par quelque paiement fait à Dieu. Quant à la quatrième fin du Sacrifice, la demande est celle même du Christ en Croix qui, « offrant avec un grand cri et des larmes, des implorations et des supplications... fut exaucé en raison de sa soumission »[11]. Elle est celle même de « l'Agneau immolé, toujours vivant à la droite du Père, pour intercéder en notre faveur »[12].

9. He 2, 17.

10. Rm 3, 25 ; 1 Jn 2, 2 ; 4, 10.

11. He 5, 7.

12. Ap 5, 6 ; Rm 8, 34 ; He 7, 25.

Saint Paul fait de l'autel la source de sa confiance : « Ayant un Grand-Prêtre qui a pénétré les cieux, Jésus, le Fils de Dieu, ayons confiance car nous n'avons pas un Pontife qui ne puisse pas compatir à nos faiblesses, lui qui a été éprouvé d'une manière semblable à nous en tout, hormis le péché. Allons donc avec confiance au trône de la grâce, afin d'obtenir miséricorde et d'y trouver la grâce avec tout son secours »[13].

Oh ! ne vivons pas comme des délaissés. Si vous voulez être des âmes confiantes, soyez des passionnés de la messe. Il compatit à nos misères, à nos faiblesses. Il compatit à toutes nos peines. Quand nous sommes tristes d'être infidèles, il nous console de lui avoir fait de la peine. Voilà jusqu'où va sa miséricordieuse tendresse. Qui sondera les abîmes de bonté, de compassion, de condescendance de notre Sauveur pour nous ? Non ! nous n'avons pas un Pontife qui ne puisse pas compatir à notre faiblesse... « Voici que ton Roi vient à toi, plein de mansuétude »[14].

13. He 4, 14.

14. Mt 21, 5.

Donc Jésus est le Prêtre. Les prêtres ne sont pas les successeurs du sacerdoce de Jésus-Christ, mais les ministres. Il est la seule Hostie agréée du Père.

Chose admirable, Jésus-Christ, tout en restant le seul Prêtre et la seule Hostie, admet à partager ces rôles le prêtre consacré et tous les fidèles. Comme l'affirme le Concile dans *Lumen gentium*, « le sacerdoce commun des fidèles et le sacerdoce ministériel ou hiérarchique, qui ont entre eux une différence essentielle et non seulement de degré, sont cependant ordonnés l'un à l'autre : l'un et l'autre, en effet, chacun selon son mode propre, participent à l'unique sacerdoce du Christ. Celui qui a reçu le sacerdoce ministériel jouit d'un pouvoir sacré pour former et conduire le peuple sacerdotal, pour faire dans le rôle du Christ le sacrifice eucharistique et l'offrir à Dieu au nom du peuple tout entier ; les fidèles, eux, de par le sacerdoce royal qui est le leur, concourent à l'offrande de l'Eucharistie et exercent leur sacerdoce par la réception des sacrements, la prière et l'action de grâces, le témoignage de leur vie, leur renoncement et leur charité effective »[15].

Mais si le Christ Seigneur a fait du peuple nouveau « un royaume de prêtres pour son Dieu et Père »[16] ; si vous êtes « une race élue, un sacerdoce royal, une nation sainte, un peuple acquis »[17], saint Paul vous exhorte tous par la miséricorde de Dieu « à offrir vos personnes en victimes vivantes, saintes et agréables à Dieu »[18]. Grandeur des simples fidèles, à la fois prêtres et hosties.

C'est ici que je veux vous parler de l'esprit de victime. Le mot victime effraie comme s'il vouait au malheur, à la souffrance âpre et désolante. Mais la victime d'amour ne souffre pas comme on souffre quand on n'a pas tout donné. C'est le jour et la nuit. La victime sera toujours la privilégiée de l'Amour. Ah ! si l'on savait les joies que Jésus met en tout, quand on lui a tout donné ! Comme il ménage de pures joies à côté de la douleur, comme il dose la

15. *Lumen gentium* n° 10.

16. Ap 1, 6 ; 5, 10.

17. 1 P 2, 9.

18. Rm 12, 1.

souffrance et le bonheur avec délicatesse comme le Père le plus tendre et le plus compatissant, l'Ami le plus aimant ! Si l'on savait... mais souvent il ne le fait pas voir ni sentir d'avance pour qu'on ait le mérite du premier pas. Si, avant de se livrer, on réalisait tout le bonheur que l'on trouve dans son don total, on n'aurait pas le moindre mérite. Alors Jésus le cache pour qu'on ait le mérite de la générosité confiante.

S'unir à la messe, offrir le sacrifice, manger la Victime, c'est dire que l'on veut être victime avec elle. Notre communion à la messe nous assimile à la divine Victime. Membres mystiques du Corps immolé, les chrétiens en général ne réalisent pas assez qu'ils participent à la Rédemption dans la mesure où ils s'associent à l'immolation divine par une immolation personnelle.

Dans *Mediator Dei,* Pie XII, avant le Concile, le dit déjà : « Pour que l'oblation par laquelle dans le sacrifice (de la messe), les chrétiens offrent au Père céleste la divine Victime obtienne son plein effet, il faut encore qu'ils ajoutent quelque chose : ils doivent s'immoler eux-mêmes en victimes.

Tous les éléments de la liturgie incitent notre âme à reproduire en elle l'image de notre divin Rédempteur selon le mot de l'apôtre : " Je suis attaché à la Croix avec le Christ, je vis mais non plus moi, c'est Jésus-Christ qui vit en moi ". Par là nous devenons hostie avec Jésus pour la plus grande gloire du Père.

On ne peut rien imaginer de plus convenable et de plus juste que de nous immoler tous au Père, avec notre chef qui a souffert pour nous. *« Per ipsum et cum ipso et in ipso "*, paroles auxquelles tout le peuple répond : Amen.

Que les chrétiens donc s'offrent avec le divin Crucifié, eux-mêmes et leurs préoccupations, leurs douleurs, leurs angoisses, leurs misères et leurs besoins ».

Que veut dire le Pape quand il demande à tous les chrétiens de s'immoler en victimes avec la divine Victime du Calvaire et de la messe ? Comment réaliser ce désir du Pape qui n'est que le désir de Jésus lui-même ?

On peut distinguer deux sortes de victimes. Celles qui s'offrent à la Justice et celles qui s'offrent à l'Amour. Les premières veulent satisfaire à la justice de Dieu en payant pour les pécheurs. Elles sont caractérisées par un appel à la souffrance. Comme sainte Marguerite-Marie, avec tous les pécheurs, elles se voient criminelles et se livrent à toutes les angoisses pour apaiser la justice divine. « Je ne souhaite plus vivre, dit la sainte, que pour avoir le bonheur de souffrir. Mon partage sera donc d'être sur le Calvaire jusqu'au dernier soupir, tout en désirant être immolée sur l'autel du Cœur de Jésus, purifiée, consommée dans les ardeurs de ses flammes ».

Inutile de dire quel grand amour suppose cette offrande. Je pense que, jusqu'à Petite Thérèse, l'offrande comme victime a toujours été faite avec des nuances, dans cet esprit.

Mais sainte Thérèse a trouvé une autre façon de s'offrir, une autre façon de s'immoler et de mourir victime. Et cette « trouvaille d'amour » est quelque chose de divinement beau. Elle vit le cœur de Jésus débordant de tendresse et de miséricorde pour les pauvres pécheurs, pour tous les hommes ; de ce Cœur s'échappent des flots d'amour que le Sauveur Jésus ne peut plus contenir... mais les hommes dans leur ingratitude ne veulent pas de cet amour divin, ils le repoussent, ils élèvent le rempart de leur indifférence, de leur mépris et même de leur haine, pour que le flot sauveur n'arrive pas jusqu'à eux.

Quelle souffrance pour Jésus avide de déverser son amour et qui ne le peut pas ! Le voilà Roi mendiant d'amour, mendiant des cœurs qu'il puisse remplir de sa tendresse miséricordieuse et n'en trouvant pas... Avoir un cœur débordant d'amoureuse bonté, vouloir la répandre et ne trouver personne qui veuille la recevoir ! L'Amour est venu parmi les siens, et les siens n'ont pas voulu de lui. Il a le Cœur broyé par l'intérieur, dirai-je, par l'amour qu'il n'a pas pu épancher. Alors, sa petite victime se présente. Cet amour que les hommes rejettent, moi je le veux, j'ouvre mon cœur tout grand à cet Amour divin ; qu'il m'envahisse, qu'il me brûle, qu'il consume mon cœur tout entier. Ainsi je soulagerai mon divin Sauveur. Ainsi mourrai-je victime d'amour immolée dans cet océan de flammes...

« O mon Dieu, s'écrie Petite Thérèse, n'y aura-t-il que votre justice à recevoir des hosties d'holocauste ? Votre Amour miséricordieux n'en a-t-il pas besoin lui aussi ? De toutes parts, il est méconnu, rejeté ; les cœurs auxquels vous désirez le prodiguer se tournent vers les créatures, leur demandant le bonheur au lieu de se jeter dans vos bras et d'accepter votre Amour infini.

« O mon Dieu ! Votre Amour méprisé va-t-il rester dans votre cœur ? Il me semble que si vous trouviez des âmes s'offrant en victimes d'holocauste à votre Amour, vous les consumeriez rapidement, que vous seriez heureux de ne point comprimer les flots d'infinies tendresses qui sont en vous. Si votre Justice aime à se décharger, elle qui ne s'étend que sur la terre, combien plus votre Amour miséricordieux désire-t-il embraser les âmes, puisque votre Miséricorde s'élève jusqu'aux cieux ! O mon Jésus, que ce soit moi cette heureuse victime, consumez votre holocauste par le feu de votre divin Amour ! »[19].

Et alors, chose merveilleuse, cet Amour que les hommes refusent, quand il sera passé, en la consumant, par le cœur de Petite Thérèse et

19. M.A., p. 210.

d'autres victimes comme elle, ils ne pourront plus le refuser !... Victime d'amour, elle sera par le fait même apôtre de l'Amour.

Nous retrouvons ici cette essentielle vérité que le premier apostolat, c'est celui de la prière et de la souffrance, de l'immolation de soi-même par l'amour et de l'holocauste en union avec Jésus à Gethsémani et au Calvaire. Ainsi l'homme pécheur n'était pas oublié. Petite Thérèse fut essentiellement apôtre. « Je compris que l'Amour seul faisait agir les membres de l'Eglise, que si l'Amour venait à s'éteindre, les apôtres n'annonceraient plus l'Evangile, les martyrs refuseraient de verser leur sang. Je compris que l'Amour renfermait toutes les vocations, que l'Amour était tout »[20].

Elle a reconnu en cet Amour « le double amour » qui contient dans son unité l'amour de Dieu et l'amour du prochain. Elle fit sienne la parole du Cantique des Cantiques : « Attirez-moi, nous courrons à l'odeur de vos parfums ». « De même qu'un torrent se jetant avec impétuosité dans l'océan entraîne après lui tout ce qu'il a rencontré sur son passage, de même, ô

20. M.A., p. 229.

mon Jésus, l'âme qui se plonge dans l'océan sans rivages de votre Amour attire en elle tout ce qu'elle possède »[21].

L'amour de Dieu ne peut la « consumer » sans que cet incendie ne gagne de proche en proche. Le péché n'est pas seulement « expié », mais vraiment « réparé », détruit, effacé, dans l'âme du pécheur par l'infusion de la grâce, par le feu de l'Amour.

Et voyez quelle parfaite réparation réalise un tel acte d'offrande. Je le disais, le grand péché dont Notre-Seigneur s'est plaint plus que de tout autre à sainte Marguerite-Marie, c'est de l'ingratitude, du manque d'amour. La grande réparation est donc l'amour et l'amour confiant puisque la plus cruelle des ingratitudes, c'est la méfiance.

Comment réaliser, vivre pratiquement cette offrande ? Les victimes les plus parfaites sont celles qui se laissent immoler par Jésus-Prêtre dans un abandon parfait, le laissant choisir, lui, les creusets, les croix, les épreuves et aussi les consolations et les joies de son choix. C'est

21. M.A., p. 307.

par tout ce qu'il choisit pour eux que son Amour brûle et consume les cœurs qui se sont donnés à lui. Qu'il soit sûr de votre sourire. Etre victime, c'est sourire.

L'abandon total, le « Merci pour tout Jésus », cela suffit. Jésus vous immolera à sa manière. Il sera le Prêtre de l'hostie que vous aurez voulu être entre ses mains. J'insiste sur ce point car souvent on m'a dit : « Je me suis offert, mais que faut-il faire ? — Le laisser faire ». Toute notre vie devient alors une messe dont vous êtes l'hostie, et Jésus le Prêtre. Vous vous êtes jeté dans le feu, le feu vous consume sans cesse, vos misères et vous-même.

Il faut « s'arranger » avec lui, lui donner « carte blanche ». Au ciel, il nous rappellera des détails de notre vie d'amour avec lui, oubliés par nous, gravés dans son Cœur : nos petits ou nos grands pactes avec lui, spécialement le grand pacte de parfait abandon.

Sœur Geneviève (Céline) écrit : « L'âme qui s'offre à l'amour ne demande pas la souffrance mais, en se livrant entièrement aux desseins de l'Amour, elle accepte tout ce que la Providence permettra pour elle de joies, de travaux, d'épreuves, et elle compte sur l'infinie miséricorde pour tout ».

Et enfin une dernière idée : dans votre incapacité, votre impuissance à réparer, dont vous souffrez après tous les saints, que faire ? Lui offrir son propre Cœur, son propre Amour, seul moyen de réaliser vos immenses désirs de l'aimer.

Quand sainte Marguerite-Marie ne savait plus que faire pour lui donner une réparation qui soit digne de lui, pour le remercier, elle lui offrait son propre Cœur, son propre Amour.

Toujours cette grande sagesse de substituer Jésus à nous. Il ne désire que cela. Il est venu sur la terre pour cela.

A un amour infini, nous pouvons offrir quelque chose d'infini : le Cœur même de l'Amour infini. Réparez avec le Cœur de Jésus. Il est à vous. Et toujours avec et par Marie réparatrice, toujours par son Cœur immaculé et transpercé. Jésus nous a donné son Cœur et le Cœur de sa Mère : voilà notre trésor divin. « Jésus, j'ai beaucoup à vous donner, j'ai tout à vous donner, j'ai quelque chose d'infini à vous donner : votre propre Amour, votre Cœur et le Cœur de votre Mère qui est aussi la mienne ».

□

La Communion

Le sacrifice eucharistique est donc « le sacrement de l'amour, signe de l'unité, lien de la charité », et en même temps « banquet pascal dans lequel le Christ est mangé, l'âme est comblée de grâces et le gage de la gloire future est donné ».

Reprenons les paroles de Jésus lui-même car aucune parole comme la sienne n'émeut notre cœur.

« Je suis le Pain de vie descendu du ciel. Qui mangera ce pain vivra à jamais. Et le pain que moi je donnerai, c'est ma chair pour la vie du monde.

En vérité, en vérité, je vous le dis, si vous ne mangez la chair du Fils de l'homme et ne buvez son sang, vous n'aurez pas la vie en vous.

Qui mange ma chair et boit mon sang a la vie éternelle et je le ressusciterai au dernier jour, car ma chair est vraiment une nourriture et mon sang est vraiment une boisson.

De même qu'envoyé par le Père qui est vivant, moi je vis par le Père, de même celui qui me mange vivra, lui aussi, par moi... Il donna cet enseignement à Capharnaüm dans la synagogue »[22]. « Tu as donné à ton peuple une nourriture d'anges, dit la Sagesse ; inlassablement, tu lui as envoyé du ciel un pain tout préparé, capable de procurer toutes les délices et de satisfaire tous les goûts »[23].

Paul VI, dans son admirable encyclique *Mysterium Fidei,* après avoir contemplé sept modes de présence de Jésus à son Eglise, écrit : « On reste émerveillé devant ces divers modes de présence du Christ et on y trouve à contempler le mystère même de l'Eglise.

Pourtant bien autre est le mode, vraiment sublime, selon lequel le Christ est présent dans le sacrement de l'Eucharistie ; ... car il renferme le Christ lui-même ». Et plus loin : « non seulement durant l'oblation du sacrifice, mais encore après, le Christ est vraiment " l'Emma-

22. Jn 6, 51.
23. Sg 16, 20.

nuel ", le " Dieu avec nous " qui, jour et nuit est au milieu de nous, habite avec nous, plein de grâce et de vérité ».

L'apôtre saint Jean quand il va parler de la Cène cherche un mot dans lequel il puisse exprimer tout l'amour que Jésus dévoila dans son dernier repas avec ses disciples, il dit : *« in finem dilexit »*[24], il nous aima jusqu'aux extrêmes limites de l'Amour.

Pourquoi Jésus est-il resté ainsi avec nous dans l'Eucharistie ? Pour être notre nourriture : il savait combien nos âmes défaillantes auraient besoin de ce pain du ciel qu'il est Lui. Il est resté pour ne pas nous quitter. Quand on aime, on veut la présence.

Laissant la pure théologie, laissez-moi imaginer que, lorsqu'il pensa qu'après sa Résurrection il devait remonter au ciel, il y eut dans son cœur un conflit. Il voulait bien mourir mais il ne voulait pas partir. Il ne voulait pas nous quitter et nous laisser seuls.

Tout en restant en nous par la grâce, par la foi, l'espérance et la charité, il a voulu nous

24. Jn 13, 1.

donner cette douceur et cette richesse de sa présence ineffable dans l'Eucharistie, et y rester avec nous jusqu'à la fin des temps. Il montera, oui, dans le ciel de la gloire où son Corps glorieux devait remonter mais, en même temps, il restera. Et alors, c'est la Cène. Au banquet de l'Amour du Cénacle, entouré de ses amis, de ses frères, il a fait ce miracle bien plus grand que la création : il institua la divine Eucharistie.

Il est resté pour être notre nourriture : « Ma chair est vraiment une nourriture et mon sang est vraiment un breuvage »[25], mais une nourriture aux effets extraordinaires. Il vient en nous pour nous transformer en lui. Il a voulu plus qu'une union, plus qu'une fusion, il a voulu l'unité de l'Amour, ne faire qu'un avec nous. Les Pères de l'Eglise cherchent des comparaisons pour expliquer cette union : deux cires que l'on mélange et que l'on ne peut plus distinguer ; le fer rougi au feu qui devient feu lui-même. C'est encore plus que cela. Là il n'y a qu'union, là il n'y a que fusion, mais lui réalise véritablement l'unité de l'Amour.

25. Jn 6, 55.

Le Concile nous dit : « La participation au Corps et au Sang du Christ n'a pas d'autre effet que de nous transformer en ce que nous recevons »[26].

« Il nous emprunte notre nature pour nous communiquer sa divinité ; il prend une vie humaine pour nous donner part à sa vie divine ; il se fait homme pour nous rendre dieux. Et sa naissance humaine devient le moyen de notre naissance à la vie divine »[27].

Voyez comme c'est beau et comme cela va loin ; il nous donne le commandement : « Soyez parfaits comme votre Père céleste est parfait »[28]. Mais comment ? En mangeant et en buvant le corps et le sang de Celui qui, seul, est parfait comme le Père et qui nous transforme en lui-même.

Devant ce Sacrifice et autour de cette Table sainte se réalise l'unité du peuple de Dieu dont le Tabernacle est le « Centre spirituel », parce qu'il contient celui qui est le centre de tous les

26. *Lumen gentium* n° 26.

27. Dom Marmion, *Le Christ dans ses mystères*, p. 132.

28. Mt 5, 48.

cœurs, celui « par qui tout existe, et nous-mêmes en lui »[29].

Oh ! soyez des âmes eucharistiques. Ayez faim et soif de manger ce miracle vivant, de vous en nourrir. Ne manquez jamais une communion par manque d'amour, par scrupule ou par crainte. Du moment que vous êtes en état de grâce, allez à la sainte Table, allez le recevoir ! Un acte d'humilité et un acte d'amour vous préparent en un instant. Si vous ne pouvez pas, par une cause extérieure à vous, c'est bien, Jésus suppléera en voyant votre désir ardent de le recevoir.

Une belle raison qu'on ne dit pas souvent : communier non pas seulement pour soi, pour avoir cette grâce immense, mais communier pour lui, pour répondre à son désir de descendre en vous, lui donner la joie de descendre dans votre cœur, dans le ciel de votre cœur. Vous direz : « Quoi ? mon pauvre cœur, si misérable, si indigne, un ciel pour Jésus ? » Oui, si vous l'appelez lui-même à faire de votre cœur un ciel pour lui.

29. 1 Co 8, 6.

C'est ici qu'il faut rappeler que l'amour sensible n'est rien en soi. Il se peut qu'avant et après la communion, vous soyez froids et distraits. Ecoutez Petite Thérèse : « Je ne puis pas dire que j'ai souvent reçu des consolations pendant mes actions de grâces, c'est peut-être le moment où j'en ai eu le moins. Je trouve cela tout naturel puisque je me suis offerte à Jésus, non comme une personne qui désire recevoir sa visite pour sa propre consolation, mais au contraire pour le plaisir de celui qui se donne à moi. Ce n'est pas pour rester dans le ciboire d'or qu'il descend chaque jour du Ciel, c'est afin de trouver un autre ciel, le ciel de notre âme, faite à son image, le temple vivant de l'adorable Trinité »[30].

C'est un agneau – quoi de plus doux – qui vous invite à le recevoir, c'est lui-même qui ôte tous vos péchés. Seigneur, je ne suis pas digne de vous recevoir, mais dites seulement un mot, un seul mot, et me voilà purifié ; mon âme, mon cœur, par ce mot que vous avez dit, deviennent un ciel, véritablement un ciel pour vous.

30. M.A., pp. 119 et 117.

Ces deux paroles : « Voici l'Agneau qui ôte les péchés » et « Je ne suis pas digne, mais dites seulement un mot » sont la plus belle, la plus complète, la plus merveilleuse préparation à la communion.

C'est là que l'on voit la richesse incomparable des prières liturgiques dans leur profondeur. Elles disent tout, pourvu qu'on leur donne tout leur sens avec foi et amour.

Si vous saviez comme Jésus a faim de vous, comme il brûle du désir de venir dans votre cœur, comme il est impatient de descendre en vous, supprimant entre vous et lui toute distance. Et le jour où vous laissez une communion, c'est pour lui une grande tristesse, une grande déception. Alors, allez à lui, pour répondre à son désir. « *Desiderio desideravi* : j'ai désiré d'un immense désir manger cette pâque avec vous. J'ai soif, j'ai soif que tu viennes à moi, j'ai soif de descendre en toi ». Ne le privez pas, ne le privez jamais de ce bonheur, par votre faute.

La plus belle prière du matin, les jours où vous n'avez pas pu communier, par raison de travail ou de santé, c'est une communion spirituelle. Renouvelez, au cours de vos journées, cet acte d'union réelle et intime avec celui qui est le Pain de vie. La communion pain quotidien... Soyez en état de communion spirituelle.

Dites comme sainte Marguerite-Marie : « Jésus, vous savez que je suis prête à marcher, pieds nus, par un chemin de flammes pour ne pas manquer une seule communion ». Que ce soit la disposition de votre cœur même si vous ne sentez pas l'ardeur, la ferveur, le désir ; que ce soit votre disposition d'âme : être prêt à n'importe quoi pour ne pas manquer une seule communion.

C'est cette disposition que Jésus voit en vous, qui le ravit et qui l'attire dans le ciel de votre cœur. C'est le jour où sainte Marguerite-Marie, ne pouvant communier parce qu'elle était malade, lui disait son immense désir de le recevoir, par cette phrase que je viens de vous citer, que Jésus lui dit : « Pour toi seule j'aurais institué le sacrement de mon amour ! »

Au moment de communier dites à Jésus : « Jésus, je viens à vous, parce que je suis faible, parce que je suis misérable, parce que je suis pécheur. Je viens à vous parce que j'ai tellement besoin de vous ! » Quelle belle préparation à la communion ! Ne pas lui dire : « Je viens à vous parce que je suis bien préparé », mais : « Je viens à vous parce que j'ai tellement, tellement besoin de vous ».

C'est encore un apanage des faibles et des misérables de pouvoir faire, avec encore plus de ferveur, cette prière : « J'ai besoin de vous et je suis heureux d'avoir tellement besoin de votre miséricorde ». Une prière qui va comme une flèche au fond, jusqu'au fond de son Cœur infiniment miséricordieux.

Que votre messe soit le centre de vos journées ; tout pour vous doit découler de votre messe quotidienne et tout doit y aboutir. Vos journées, parce que vous l'aurez voulu, doivent être une action de grâce de la messe que vous avez entendue le matin et une préparation de la messe que vous entendrez le lendemain.

Cela ne veut pas dire que vous pensiez toute la journée à votre messe du matin ou du lendemain, mais parce que vous l'aurez dit à Jésus, et que ce sera votre disposition d'âme. « Je veux que toute ma vie soit centrée sur l'autel de la messe, dépende d'elle et aboutisse à elle, soit une action de grâce et une préparation de ma messe de chaque jour. Toute ma vie, toutes mes journées, tous les battements de mon cœur... »

En tant qu'apôtres, n'oubliez jamais que toute votre fécondité spirituelle et surnaturelle viendra toujours et avant tout de la messe, et puis, de votre immolation personnelle unie à celle de l'autel.

Soyez des apôtres de la messe et de la communion. Faites tout pour faciliter la communion quotidienne et pour inviter les enfants à communier le plus souvent possible. Pensez au désir qu'a Jésus de descendre dans une âme, au bonheur qu'il y trouve, à la répercussion qu'aura toute l'éternité, pour une âme, une communion de plus qu'elle aura faite, pendant son passage sur la terre. Soyez des passionnés de Jésus-Hostie.

Saint Pie X, le dernier Pape canonisé, a été le promoteur de la communion quotidienne. Dans son cœur de saint, il a réalisé ce que c'était que la messe et la communion. Ah ! poussez, poussez les âmes ! Faites tout ce qui dépend de vous pour que les âmes qui vous sont confiées aient la vie eucharistique la plus complète, la plus totale possible.

Réservez-vous, autant qu'il vous sera possible, des moments pour aller visiter et adorer le Saint Sacrement.

« Adoro te devote »[31].

A Ars, pour tous les villageois, par la prédication et l'exemple de Jean-Marie Vianney, Jésus présent dans l'Hostie était devenu « Quelqu'un ». « Il est là, il est là », répétait le curé d'Ars en montrant le tabernacle. Les jeunes filles n'osaient plus venir danser sur le tertre derrière le sanctuaire, car elles savaient qu'il était là. Elles percevaient comme sensiblement la présence réelle. Elles disaient, elles aussi : « Il est là ».

La réponse bien connue du paysan d'Ars à son curé qui, le voyant passer des heures à l'église, lui demandait ce qu'il disait au Bon Dieu : « Je ne dis rien, je l'avise et il m'avise » restera une de ces paroles comme seuls savent en trouver les simples et les petits et qui en disent plus long que bien des thèses.

31. Saint Thomas d'Aquin.

Soyez des âmes d'oraison. Le premier motif : imiter Jésus.

« Mais lui se retirait dans la solitude et priait »[32].

« Il s'en alla dans la montagne pour prier et passa toute la nuit à prier Dieu »[33].

« Etant allé un peu plus loin, il tomba la face contre terre en priant »[34].

Des saints, des maîtres en spiritualité ont admirablement parlé de l'oraison, surtout depuis saint Jean de la Croix et sainte Thérèse d'Avila, pour dire son importance capitale, sa fécondité, sa nécessité.

Dans cette conférence déjà longue, laissez-moi recourir encore à Petite Thérèse pour vous en parler brièvement.

Faisant allusion à Archimède qui disait : « Donnez-moi un levier, un point d'appui et je soulèverai le monde », elle pensait que ce qu'Archimède n'avait pu réaliser, les saints l'avaient obtenu : « Le Tout-puissant leur a donné pour point d'appui " Lui-même " et " Lui

32. Lc 5, 16.

33. Lc 6, 12.

34. Mt 26, 39.

seul ", pour levier d'oraison qui embrase d'un feu d'amour, et c'est ainsi qu'ils ont soulevé le monde »[35].

« Qu'elle est grande, la puissance de la prière, s'écriait-elle, on dirait une reine ayant, à chaque instant, libre accès auprès du Roi et pouvant obtenir tout ce qu'elle demande ».

Et laissant de côté les prières préfabriquées qui lui font mal à la tête : « Je fais, dit-elle, comme les enfants qui ne savent pas lire, je dis simplement au Bon Dieu ce que je veux lui dire, sans faire de belles phrases, et toujours il me comprend. Pour moi la prière, c'est un élan du cœur, c'est un simple regard jeté vers le ciel, c'est un cri de reconnaissance et d'amour au sein de l'épreuve comme au sein de la joie, enfin c'est quelque chose de grand, de surnaturel qui me dilate l'âme et m'unit à Jésus »[36].

« Tout cela n'empêche pas les distractions et le sommeil de venir me visiter, mais je sais toujours trouver le moyen d'être heureuse et de profiter de mes misères »[37].

35. M.A., p. 312.
36. M.A., p. 290.
37. M.A., p. 200.

Dans son impuissance, l'Ecriture Sainte et *L'Imitation* venaient à son secours, elle y trouvait une nourriture solide et toute pure, mais par-dessus tout, c'est l'Evangile qui l'entretenait pendant ses oraisons, elle y découvrait toujours de nouvelles lumières, des sens cachés et mystérieux[38].

Cependant sentant Jésus en elle, la guidant à chaque instant, lui inspirant ce qu'elle devait dire ou faire, elle découvrait – et c'est le fruit de l'union à Jésus – dans la disposition du total abandon, juste au moment où elle en avait besoin, des lumières qu'elle n'avait pas encore eues et, ajoute-t-elle, « ce n'est pas le plus souvent pendant mes oraisons qu'elles sont le plus abondantes, c'est plutôt au milieu des occupations de la journée »[39].

Que tout cela est équilibré et profond ! Avec quelle autorité, quelle assurance et quelle sagesse Petite Thérèse a balayé les illusions dans la vie spirituelle. Elle savait bien que « Nul ne peut dire : Jésus est Seigneur, que sous l'action

38. M.A., p. 200.
39. M.A., p. 209.

de l'Esprit-Saint »[40]. « L'Esprit-Saint qui vient au secours de notre faiblesse, car nous ne savons que demander pour prier comme il faut, mais l'Esprit-Saint intercède pour nous en des gémissements ineffables »[41].

C'est l'Esprit-Saint qui contemple et fait oraison en nous. Faire oraison, prier, c'est penser amoureusement à Dieu. L'Esprit-Saint est Amour.

Comment les hommes ont-ils reçu ce don d'incompréhensible amour de l'Eucharistie ? Le Jeudi saint, Jésus est allé directement du Cénacle au jardin des Oliviers. Et là, sous la sueur de sang, ce dont il a le plus souffert — selon sa confidence à sainte Marguerite-Marie — c'est de l'ingratitude des hommes et spécialement de leur ingratitude envers le sacrement de son amour.

D'avance, il a vu les longs jours, les longues nuits où il serait seul, oublié, dans les milliers de tabernacles d'églises solitaires, les milliards d'indifférents qui passent chaque jour devant les églises sans même penser un instant qu'il

40. 1 Co 12, 3.

41. Rm 8, 26.

est là, ceux qui entrent dans les églises pour admirer les vitraux, les chapiteaux et qui ne font même pas une petite génuflexion devant le tabernacle. Il a vu la foule des baptisés dont il a fait ses enfants d'adoption dans son Sang, qui négligent même la messe du dimanche, qui lui refusent la communion pascale. Après s'être livré dans l'Hostie, comme il l'a fait, que nous demande-t-il ? Une demi-heure par semaine, le dimanche ; une communion par an. Pouvait-il être moins exigeant ? Quelqu'un qui donne sans compter, qui demande un tout petit retour. Et on le lui refuse.

D'avance, il a vu les communions sacrilèges, la haine dont il serait poursuivi, tout spécialement dans son Eucharistie, par des impies appartenant à des sectes diaboliques. Il a vu d'avance tout cela. Il a tout prévu à Gethsémani, il a tout accepté pour descendre dans une seule âme qui l'aime. « Pour toi seule, j'aurais institué le sacrement de mon amour ».

Le modèle de l'abandon dont je vous ai tant parlé, c'est l'Hostie. Le prêtre la pose à gauche, elle reste à gauche ; il la pose à droite, elle reste à droite ! Des profanateurs viennent ; on la prend dans son tabernacle, on la jette au ruisseau, il se laisser jeter au ruisseau. C'est la leçon de l'abandon parfait. Il en est non seulement le modèle, mais encore la source.

Vous ne vivrez cette vie de sainteté, de confiance, d'abandon et de paix que je vous ai prêchée jusqu'ici, que dans la mesure où vous boirez à la source d'eau vive, à la source qui jaillit jusqu'à la vie éternelle, à la source de l'autel.

L'Intronisation

Dans l'esprit de son fondateur, il y a un lien si étroit entre « L'Intronisation du Sacré-Cœur de Jésus dans les foyers » et l'Eucharistie, que je veux vous dire ici quelques mots de cette œuvre toute surnaturelle et qui rentre bien dans le cadre de cette retraite.

Elle a été fondée par le père Mateo Crawley, au début du siècle.

Né au Pérou, en 1875, d'un père anglais et d'une mère péruvienne, il fit ses études à Valparaiso, au Chili, dans un collège que dirigeaient les pères français de la Congrégation des Sacrés Cœurs de Jésus et de Marie et de l'Adoration perpétuelle du très Saint Sacrement de l'autel. Cette congrégation à deux branches, Pères et Sœurs, fut fondée à Poitiers, en pleine Révolution, par le Père Coudrin et la Mère Henriette Aymer de la Chevalerie.

Ayant reçu du ciel les trésors inestimables du Cœur de Jésus et du Cœur de Marie, inséparables entre eux et inséparables de l'Eucharistie, c'est une congrégation évidemment vouée à l'Amour[42]. Y étant entré à la fin de ses études, c'est par elle que le Père Mateo reçut les grâces qui devaient faire de lui l'apôtre mondial du Cœur de Jésus.

Il fut, de fait, un extraordinaire apôtre. Pendant près d'un demi-siècle, il a parcouru inlassablement l'Europe occidentale, l'Extrême-Orient, les deux Amériques, prêchant en six langues, visitant vingt-deux nations, contactant plus de cent mille prêtres, groupant un million d'adorateurs dans l'Adoration nocturne au foyer, faisant introniser le Sacré-Cœur dans des millions de familles.

42. Elle possède une « Association extérieure » où sont admis tous ceux qui veulent vivre de son esprit.

Il reçut certainement une mission et les grâces pour la remplir. Il possédait un très spécial rayonnement personnel, naturel – car il était très doué – mais surnaturel surtout. Il avait beaucoup de la tendresse pénétrante de saint Jean, de la foi ardente et conquérante de saint Paul, et de l'amour brûlant pour Jésus de tous deux. Il eut le don d'attirer les foules et quand on l'avait rencontré et entendu une fois, on ne l'oubliait plus[43].

L'Intronisation, c'est la réponse à la parole de Jésus dans l'Apocalypse : « Voici que je me tiens à la porte, j'entrerai chez lui pour souper, moi près de lui et lui près de moi »[44].

C'est Jésus reçu par Zachée : « Aujourd'hui cette maison a reçu le salut. Car le Fils de l'homme est venu chercher et sauver ce qui était perdu »[45]. C'est Béthanie.

La famille tout entière, dans sa pluralité et son unité, vit cette intimité divine – dont je vous ai tant parlé tous ces jours – avec Jésus,

43. *Vie et œuvre du Père Mateo*, Pères des Sacrés-Cœurs de Picpus, 108 avenue de la République, 91 Montgeron.

44. Ap 3, 20.

45. Lc 19, 9.

2042

PRINTED IN SPAIN
Dep. Leg. B-8.078-87

Sé FIEL continuador de mi OBRA

Roi adoré et Ami incomparable. Le Concile nous dit : « Le Créateur a fait de la communauté conjugale l'origine et le fondement de la société humaine... Cette mission d'être la cellule première et vitale de la société, la famille elle-même l'a reçue de Dieu. Elle la remplira si par la piété de ses membres et la prière faite à Dieu en commun, elle se présente comme « un sanctuaire de l'Eglise à la maison »[46]. Ce qui est la grande idée de l'Intronisation : « La famille, cette petite Eglise, dont le père de famille est l'évêque », disait joliment saint Augustin.

« La famille chrétienne, parce qu'elle est issue d'un mariage, image et participation de l'alliance d'amour qui unit le Christ et l'Eglise, manifestera à tous les hommes la présence vivante du Sauveur dans le monde et la véritable nature de l'Eglise, tant par l'amour des époux, leur fécondité généreuse, l'unité et la fidélité du foyer que par la coopération amicale de tous ses membres »[47].

46. *Décret sur l'apostolat des laïcs*, n° 11.

47. *L'Eglise dans le monde*, n° 48, al. 4.

Le Concile nous dit encore que « le Christ étant la source et l'origine de tout l'apostolat de l'Eglise, il est évident que la fécondité de l'apostolat des laïcs dépend de leur union vitale avec le Christ... qu'ils ne séparent pas l'union au Christ et leur vie, mais grandissent dans cette union en accomplissant leurs travaux selon la volonté de Dieu »[48]. Car la famille vivra d'esprit apostolique et missionnaire. Elle sera le berceau par excellence des vocations.

Mais le Père Mateo a visé plus loin que la sanctification de la famille. Le grand but qu'il a poursuivi est la réalisation du règne social du Sacré-Cœur, en gagnant à son Amour la société tout entière, famille par famille.

Ecoutons-le : « L'Intronisation du Sacré-Cœur au foyer est l'hommage d'adoration, de réparation sociale et d'amour fervent que la famille, en tant que cellule sociale, rend au Cœur de Jésus, en tant que Roi de la société. Elle ne cesse de reconquérir pour Jésus-Christ la société tout entière en l'intronisant dans les

48. *Décret sur l'Apostolat des laïcs*, n° 4.

sources de la vie, la base de la société, au foyer. Quand Jésus-Christ n'est pas le roi, le centre des cœurs de notre vie familiale et sociale, rien ne résiste à l'ouragan des passions. La paix authentique et durable ne vient, ne peut venir que de lui, le Prince de la Paix. Jésus est l'unique réalité. Toutes les créatures manquent tôt ou tard... Lui seul ne déçoit jamais ; lui seul est fidèle ; lui seul est force, appui, ami unique. Redoublez de ferveur eucharistique. Nous tenons à former par l'Intronisation des familles profondément eucharistiques afin de former des sociétés fortement chrétiennes, qui soient chrétiennes non dans l'épiderme et d'étiquette, mais en esprit et en vérité.

L'adoration nocturne au foyer est le nerf de notre guerre sainte. Tenez-y de tout votre cœur. L'Intronisation est vivante et vécue surtout par cette flamme.

Aimez le Cœur de Jésus, aimez-le follement, uniquement, perdant en lui toutes vos affections et sans frayeur de sacrifices. Le Cœur de Jésus est un abîme qui ne désunit pas. On aime plus, on aime mieux quand on aime Jésus. L'affection naturelle est transformée, agrandie, divinisée.

L'Amour, c'est tout l'Evangile : c'est Jésus complet, entre les bras de sa Mère et entre les bras de la Croix »[49].

49. *Pensées et conseils apostoliques du Père Matéo*, pp. 11 et 17.

X

JESUS, MARIE, LES SAINTS

Pendant toute cette retraite, j'ai demandé à la Reine immaculée de la commenter elle-même à l'intime de vos âmes, de rapprocher Jésus de vous ou plutôt d'ouvrir vos yeux sur sa présence adorable, car il est toujours avec vous. Tout mon dessein a été de vous le donner d'une façon plus profonde et d'enfoncer vos cœurs, pour le temps et pour l'éternité, dans l'abîme de feu et de sang de son Cœur ouvert pour vous.

Mais cela, c'est l'œuvre de Marie. Jésus est à Marie depuis le *Fiat* de Nazareth, c'est sa prérogative de le donner et c'est par elle aussi qu'il veut recevoir vos dons et surtout vos cœurs. Qu'elle vous cache dans le sien et qu'elle vous y garde à jamais.

Je voudrais en quelques mots ce soir vous présenter cinq des plus beaux joyaux du Cœur de Marie : sa simplicité, son abandon, son amour de la Croix, sa soif des âmes, son amour.

L'Evangile ne nous dit rien de l'enfance de Marie. Il semble que Dieu ait voulu jalousement cacher ce diamant de toute beauté. Et Marie, toute sa vie, gardera l'amour de l'ombre, de l'effacement, de la vie cachée, sous le voile de la simplicité, comme un merveilleux trésor. Voyez-la à Nazareth, femme de charpentier, faisant le ménage, balayant, allant à la fontaine, elle, la Reine du ciel. Plus tard, comme perdue au milieu des saintes femmes, n'ayant rien qui la distingue. Je ne vois pas Marie pâmée dans les bras de saint Jean ou de Marie Madeleine, non, *Stabat Mater* dans une douleur immense et dans une paix divine. Après la mise au tombeau, saint Jean la recueillera chez lui[1], elle mènera jusqu'à son Assomption la même vie qu'elle avait menée à Nazareth.

1. Cf. Jn 19, 27.

J'imagine Marie pendant le discours de saint Pierre au matin de la Pentecôte ; personne, dans la foule des auditeurs, ne se doutait que la Mère de ce Jésus ressuscité, dont saint Pierre leur parlait, que la Mère de Dieu, que l'Epouse du Saint-Esprit qui enflammait leurs cœurs, se trouvait là, silencieuse, au milieu d'eux.

Marie est la plus imitable de tous les saints. Si je cherche dans le catalogue des saints et des saintes un modèle pour la plus humble et la plus pauvre des femmes sur la terre, je n'en trouve aucun qui soit plus proche d'elle que Marie.

Petite Thérèse a retrouvé ce chemin de Nazareth, elle s'est approchée de cette simplicité, mais sans l'égaler, loin de là. Au carmel il y a encore l'austérité de la bure, de la grille. A Nazareth rien de tout cela.

A notre époque, Jésus veut des saints cachés « à la nazaréenne », qui ne se distinguent en rien à l'extérieur mais qui brûlent intérieurement. Jamais, d'ailleurs, il n'y a eu plus de saints de cette trempe que de nos jours.

Le deuxième joyau, c'est son abandon total. Sa foi vivante et sans limite. L'ange lui annonce cette chose inouïe : elle sera la Mère du Messie, le Fils de Dieu sera son Fils. Emue dans son humilité, ne comprenant pas comment elle restera vierge, l'ange la rassure : « L'Esprit-Saint viendra sur toi, la vertu du Très-Haut te couvrira de son ombre »[2]. Il lui rappelle que « rien n'est impossible à Dieu », il lui donne un signe. Dieu a parlé et la réponse jaillit du fond de l'âme de Marie : « Je suis la servante du Seigneur, qu'il me soit fait selon ta parole ». Oh ! ce *Fiat* de Marie, prononcé au nom de l'humanité entière ! Sans lui nous n'aurions pas Jésus, nous n'aurions pas notre Frère, notre Ami, notre Sauveur. A l'origine de notre rédemption se trouve l'abandon d'amour de Marie.

A l'origine de la rédemption des âmes que Dieu a résolu de sauver par vous doit se trouver aussi votre abandon d'amour, vos *Ecce ancilla,* vos *Fiat,* ceux qu'il nous demande de prononcer bien souvent par jour et qui parfois coûtent tellement à notre faible nature, cette

2. Lc 1, 35.

acceptation sans réserve de la volonté divine, quelle qu'elle soit, si souvent crucifiante et toujours adorable.

Voici le troisième joyau, son héroïsme dans la croix.

Jésus disait à sainte Marguerite-Marie : « Dès le premier instant de mon Incarnation, la Croix a été plantée dans mon cœur ». On peut penser qu'à la même minute, elle fut plantée aussi dans le Cœur de Marie. Elle connaissait trop bien les Ecritures pour ne pas savoir que son Fils serait « l'homme de douleurs » d'Isaïe, qu'elle le verrait, un jour, « sans beauté, ni éclat, objet de mépris et rebut de l'humanité, transpercé à cause de nos péchés, écrasé à cause de nos crimes »[3]. Elle eut très vite la confirmation de Siméon lui annonçant qu'« un glaive transpercerait son âme »[4]. Que ne dut-elle pas ressentir au moment du massacre des Innocents ! Elle savait qu'il était le prelude du massacre de l'Innocent qu'elle portait dans ses bras et serrait sur son cœur.

3. Is 53, 3-5.

4. Lc 2, 35.

L'abnégation de Marie apparaît encore dans deux séparations d'avec Jésus. C'est si dur de quitter ceux qu'on aime ! Elle avait déjà connu une séparation douloureuse au moment de la mort de saint Joseph. L'Evangile n'en parle pas, mais on peut imaginer le premier départ de Jésus de Nazareth. Elle avait la certitude de sa mort prochaine. Finis les longs entretiens avec son Fils, dans la douceur indicible des échanges entre deux cœurs aussi merveilleusement exquis, aussi merveilleusement sensibles, délicats, rayonnants de tendresse, qu'étaient le Cœur de Jésus et le Cœur de Marie. Tout cela était fini pour la terre.

La séparation du Calvaire, quand elle la vécut, avec ses yeux, avec son Cœur brisé, dans la pleine réalité. Elle vit les soldats le dépouiller de ses vêtements, arracher les lambeaux de cette chair adorable qu'elle lui avait donnée, les clous entrer dans ses mains qu'elle avait si souvent tenues dans les siennes et baisées avec adoration ! « Elle reçut, dit saint Bernard, le serviteur pour le Seigneur, le disciple pour le Maître, le fils de Zébédée en échange du Fils de Dieu ! » Il ajoute : « Le coup de lance n'atteignit pas l'âme de Jésus puisqu'il était mort, mais il atteignit au plus profond l'âme de Marie ». Mais, Marie, sans hésitation, disait dans son esprit, dans sa volonté, dans son cœur, *Fiat, Magnificat.* Elle savait que toutes ces croix étaient dans le plan divin une nécessité pour le salut des hommes et la plus grande preuve d'amour que pouvait lui donner Jésus. Par ces séparations, Marie préparait le grand revoir de l'Assomption, quand elle vit les plaies ruisselantes de sang changées en plaies ruisselantes de lumière et de gloire.

Le quatrième joyau : sa soif des âmes. Marie est la Reine des Apôtres. Elle a été apôtre d'une façon à part, parce que chaque âme à sauver est un enfant à elle. Dans son *Fiat* de Nazareth, il y a quelque chose de l'élan d'une maman qui veut empêcher son enfant de tomber dans les flammes, car elle a réalisé comme personne ce qu'est le péché, ce qu'est l'enfer. Alors elle s'écria : « Oui, pour moi le glaive, pour moi le coup de lance du Golgotha. J'accepte de voir souffrir et mourir Jésus pour sauver mes autres enfants ».

Saint Thomas de Villeneuve dit que deux amours se sont trouvés en elle : l'amour de Jésus et l'amour des hommes. Son cœur de mère des hommes l'a emporté. Elle a tant aimé les hommes qu'elle a livré pour eux son Fils unique. On peut reprendre pour elle, d'une certaine manière, la parole de l'Ecriture : « Ainsi Dieu a aimé le monde jusqu'à lui donner son Fils unique »[5]. Mais ce n'était pas un combat entre deux amours dans le cœur de Marie parce que c'est dans son amour de Jésus qu'elle puisait cet amour plus fort que la mort pour les hommes. Tout en Marie comme en Jésus a convergé vers un même but : sauver les pauvres pécheurs. Et voilà Marie médiatrice par sa coopération à l'unique médiation du Rédempteur[6].

Le cinquième joyau du Cœur de Marie : son pur amour. Celui-ci, c'est le diamant, celui qui projette sur tous les autres son éclat. C'est plus qu'un joyau de son Cœur, c'est son Cœur lui-même. L'amour de Marie explique tout : le *Fiat* de Nazareth qui la fit Mère de Dieu, le *Fiat*

5. Jn 3, 16.

6. *Lumen gentium*, n° 62.

du Calvaire qui la fit notre Mère. Marie a été tout amour parce qu'elle a été toute pure. La pureté, ce n'est pas seulement l'exemption de toute souillure, de tout péché. On fait trop de la pureté le synonyme d'absence de péché. On s'arrête là, quelle erreur ! Pour chasser les ténèbres, il faut la lumière. L'absence de péché est une condition ; il faut la beauté positive de la grâce sanctifiante, c'est-à-dire de la Sainte Trinité en nous. Voilà ce qu'est la pureté : Marie pleine de grâce.

Allez toujours à Jésus par Marie, mais pas par crainte de Jésus. Souvent, dans les livres de piété, Jésus est présenté comme un juge et Marie comme la Mère miséricordieuse. Oh ! ce n'est pas cela du tout, parce que si Marie a un cœur miséricordieux, un cœur d'une tendresse ineffable, c'est lui qui le lui a donné. Il a encore plus qu'elle un cœur de mère. Non, ce n'est pas la raison pour laquelle il faut toujours aller à Jésus par Marie, mais parce que c'est son plan d'amour. De même qu'il est venu, lui, par Marie, il aime que nous allions à lui par Marie. C'est le plus sûr chemin, le chemin le plus direct, le chemin le plus doux aussi. Pourquoi encore ? Parce qu'on trouve Jésus dans les bras de Marie.

Et puis, il regarde bien plus le donateur que le don. Que ce soit Marie qui lui présente tous nos dons et par-dessus tout le don de nous-mêmes. C'est parce qu'elles découlent de la miséricorde de Dieu que la douceur et la tendresse maternelles de Marie, ma Mère, ma Sœur, ma Reine, sont pour moi si douces et si tendres, et non parce que je les oppose à la justice divine. L'Esprit-Saint, en nous, procède souvent par attrait ; que je sens d'attraits vers Marie, l'attrait de l'enfant pour sa mère. Avec bonheur, avec émotion, avec amour je me cache sous son manteau, je me blottis dans ses bras, sur son cœur, mêlant mon amour à l'amour du Père, son Père pour elle, à l'amour de Jésus, son Fils pour elle, à l'amour du Saint-Esprit, son Epoux pour elle. Tout est tendresse, douceur, miséricorde ; tout est partagé, tout est amour. Non, ce n'est pas par crainte de Dieu que je vais à Marie, mais par amour pour lui, en même temps que par amour pour elle, pour tout partager avec eux.

Chaque matin à la messe, centre de vos journées et de votre vie, mettez Jésus sur l'autel du cœur blessé de Marie, Mère de l'Eglise. Assistez à la messe près d'elle, avec elle, au pied de la Croix, comme saint Jean et sainte Madeleine. Aimez réciter le chapelet, méditant les mystères. Chaque *Ave*, disait la Petite Thérèse, monte vers le ciel comme un encens dont les volutes sont toutes pareilles, mais c'est toujours un nouvel encens qui brûle. L'amour dit toujours les mêmes choses et ne se répète jamais. Je vous disais déjà à propos de la communion, que votre cœur est un ciel pour Jésus, mais il l'est d'autant plus que Jésus y trouve Marie. C'est son Cœur qui vous révélera les secrets intimes du Cœur de Jésus, de même que c'est le Cœur de Jésus qui vous révélera le Cœur de Marie. Faites pour l'Evangile de Marie, ce que Marie faisait pour l'Evangile de Jésus, repassez ces choses dans vos cœurs ou, plutôt, que ce soit Marie qui garde ces choses dans vos cœurs – tout ce que vous avez entendu pendant la retraite – et en tire des fruits d'éternité.

Oui ! c'est Marie qui vous apprendra à connaître Jésus. Il n'est pas aimé parce qu'il n'est pas connu. Que d'ignorants de Jésus, même parmi ceux qui se disent ses amis. A mesure que l'on s'éloigne de lui, l'aveuglement croît, les ténèbres augmentent, c'est la nuit et la mort. Il est la lumière du monde. Que voir, que comprendre sans lui ? Plus on se rapproche de lui, plus on le regarde avec les yeux de la foi et surtout avec les yeux de l'amour, plus on lui dit : « Vous êtes mon tout, vous êtes ma voie, vous êtes ma vérité, vous êtes ma vie, la vie de ma vie, l'âme de mon âme », et plus il grandit en vous, et plus il vous illumine, plus il vous transforme et vous divinise. C'est ce qu'ont fait, c'est ce que feront toujours les saints. Ils ont été héroïques, pourquoi ? Parce que, regardant Jésus, le connaissant, le voyant dans toute sa beauté, rien ne leur a semblé trop pénible, trop dur ou trop difficile pour le posséder. Ce fut pour eux une attirance irrésistible.

Il faut être porté par l'amour. Impossible d'être généreux si l'on n'est pas porté par l'amour. C'est Jésus qui doit faire les choses. Il les fait dans la mesure où je lui suis intimement uni. Il faut le charger de tout, nous décharger sur lui. Je vous ai tant prêché pendant cette retraite qu'il faut que Jésus se substitue à nous. C'est lui qui doit faire ce que nous ne pouvons pas faire. On rejoint ici ce grand cri de l'Evangile dont je vous ai parlé le premier jour : « Venez tous à moi. Vous qui avez de lourds fardeaux à porter. Je vous déchargerai, je prendrai sur moi vos fardeaux »[7].

Je suis incapable d'être fidèle, d'être généreux, si ce n'est pas lui qui l'est en moi, si je ne suis pas porté par lui.

Quand j'ai fait mes vœux de religion, j'ai dit à Jésus : « Je fais mes vœux, mais c'est avant tout un acte de confiance, parce que c'est vous qui devrez les tenir, jamais je n'aurai le courage de m'engager, faire des vœux pour toute ma vie. C'est vous qui les tiendrez en moi, c'est vous qui ferez tout ».

La sainteté, c'est Jésus grandissant en nous tandis que nous mourons aux créatures et à nous-mêmes, prenant toute la place jusqu'à

7. Mt 11, 28.

nous transformer en lui. Quelle divine leçon à prendre, à ce sujet, à l'école des saints. De quelle union ils ont vécu avec lui sur la terre ! Ils ont commencé ici-bas par la grâce ce qu'ils continueront *in aeternum*, dans la gloire : contempler et aimer leur Seigneur et leur Dieu.

Voyez saint Pierre. Dès les premières rencontres, Jésus prend possession de lui : « Tu es Simon, fils de Jonas, désormais tu seras Pierre, mon fils à moi »[8].

Quelques jours après, Jésus monte dans la barque de Pierre pour enseigner le peuple, puis ayant cessé de parler : *« Duc in altum... »* partons au large, tous deux, sur l'océan de l'amour. Toi Pierre, avec moi, avance en pleine eau et puis, parce que m'aimer c'est aimer comme moi et avec moi les âmes, jette ton filet. Pierre toute la nuit n'avait rien pris. Pierre, avec Jésus dans sa barque, prend en un instant une quantité prodigieuse de poissons[9]. Quelle folie de pêcher sans Jésus. Quand on pêche avec lui, il faut être sûr de prendre une quantité prodigieuse d'âmes.

8. Jn 1, 42.

9. Cf. Lc 5, 6.

Jésus continue de grandir dans le cœur de Pierre. « Je donnerais ma vie pour vous, dit saint Pierre. A qui irions-nous, vous seul avez les paroles de la vie éternelle »[10]. Et pourtant Pierre l'a renié parce qu'il a trop compté sur lui-même. Il avait de grandes qualités naturelles : autorité, initiative, décision, zèle... Il s'appuya sur ses dons, ce fut son grand tort, sa grande erreur. Il lui fallait une leçon. Il l'eut, mais l'amour le sauva. Dans le regard de Jésus, chez Caïphe, il lut, non pas le reproche, mais la miséricorde. Il était sauvé.

J'ai souvent médité deux regards de Jésus dans l'Evangile : son regard sur le jeune homme riche qui s'approcha de lui et lui dit : Seigneur, que faire pour être parfait ? Jésus lui énumère les commandements, le jeune homme répond : Seigneur, tout cela je l'ai observé. L'Evangile rapporte que Jésus jeta un regard d'amour sur ce jeune homme, qui avait été si fidèle, si généreux[12]. Il lui dit : « Eh bien, si tu veux être parfait, va, vends tout tes biens,

10. Jn 6, 68.

11. Cf. Lc 22, 61.

12. Cf. Mc 10, 21.

donne-les aux pauvres et puis suis-moi ». Ce jeune homme était très riche, il n'eut pas le courage de sacrifier ses biens. Quelle confusion quand il est arrivé là-haut, quand il a vu qui il avait laissé et pour quelles richesses éphémères.

Deuxième regard de Jésus, après le reniement de Pierre. Pierre l'avait renié trois fois avec blasphème. Quand même ! Après tout ce qu'il avait vu, après toutes les preuves d'amour que son divin Maître lui avait données ! Le péché de Pierre est vraiment un péché affreux, renier avec imprécations celui qui vous a tant aimé, qu'on aime du fond de son cœur, quelle lâcheté !

Le coq ayant chanté, Jésus se retourne vers Pierre. Il pose sur lui un regard de reproche, oui, mais d'un reproche plein de miséricorde, d'un reproche tellement doux que l'âme de Pierre est transpercée jusqu'au fond. Il reçoit cette grâce, il reçoit cette miséricorde, il se repent, il pleure et il est plus comblé après que s'il n'avait pas renié.

Voyez comme Jésus base ses grandes œuvres, ses chefs d'œuvre d'amour sur la misère.

Saint Pierre, le premier Pape, la colonne de son Eglise, il a permis qu'il tombe aussi bas que cela pour le faire plus grand encore par la miséricorde...

Ainsi le regard d'amour sur l'âme belle du jeune homme de l'Evangile n'a pas remporté la victoire de l'amour. Le regard sur l'âme pécheresse de saint Pierre a remporté la grande victoire de l'amour. Alors moi je dis : « Jésus, jetez sur moi, pauvre, misérable pécheur que je suis, ce regard de miséricorde qui remporte toutes les victoires ! »

Mais vous ne serez intimes avec lui que si vous le connaissez bien et si vous le connaissez tel qu'il est. L'histoire de Jean le bien-aimé sur son Cœur doit être votre histoire. Pourquoi saint Jean fut-il le plus audacieux avec Jésus ? Parce que c'est lui qui le connaissait le mieux. Le voilà sur la poitrine du Maître et là il apprend encore à le mieux connaître. Mieux il le connaît, plus il se met sur son Cœur ; et plus il se met sur son Cœur, plus il le connaît... Il le connaissait mieux que les autres certainement. Rappelez-vous la scène de la pêche miraculeuse. Les apôtres avaient péché toute la nuit et n'avaient rien pris. Au matin, quelqu'un paraît sur le rivage qui leur crie : « Jetez le filet à droite ». Ils jettent le filet à droite, ils prennent en un instant une grande quantité de poissons. Tout de suite, saint Jean le reconnaît : *Dominus est !* Ce sont les intuitions du cœur. « *Dominus est !* »[13]. Saint Pierre ne l'avait pas reconnu, mais saint Jean, oui. Dans le courant de votre vie quotidienne, au long de vos journées, dites vous aussi : « C'est le Seigneur ». Une contradiction, une épine : *Dominus est !* Une joie, un plaisir : c'est lui, je le reconnais partout ! Je ne vois plus que lui : *Dominus est !* Jésus, vous pourrez vous cacher derrière les causes secondes, derrière les créatures, vous ne me tromperez pas, je vous reconnaîtrai toujours...

Il y avait entre Jésus et Jean cette tendresse particulière qui vient d'une préférence. Jésus éprouve un faible pour Jean. Et Jean se savait le préféré. Il y avait entre le doux Maître et lui une atmosphère spéciale, quelque chose à part. Jean comprenait à demi mot son divin ami. Un regard lui en disait plus, à lui, que vingt paroles aux autres. Il devinait mieux que

13. Jn 21, 7.

tous ce qui le faisait souffrir, ce qui le consolait. Il avait de ces intuitions qui sont l'apanage de l'intimité. Les fibres les plus intimes du Cœur de Jésus trouvaient toujours leur écho dans le cœur de Jean. Jésus lui confie alors sa Mère. On comprend qu'il lui ait confié sa Mère. Jean a cru qu'il était aimé, c'était le secret de son amour : « Et moi, j'ai cru à l'Amour ! *Et nos credidimus caritati !* J'ai connu l'Amour et j'ai cru à l'Amour ! ».

Comment avez-vous été saint Jean le préféré, le bien-aimé à la Cène, l'évangéliste de l'Amour par excellence, le voyant de Patmos, comment avez-vous été saint Jean ? Il nous répond d'un mot : « Parce que j'ai cru à l'Amour ».

Toute sa merveilleuse, son ineffable histoire, il l'explique dans ces quelques mots. C'est l'amour de saint Jean pour Jésus qui lui a permis de voir le Verbe de Vie. Il nous dit : « Je l'ai entendu, je l'ai vu de mes yeux, je l'ai considéré, je l'ai touché de mes mains »[14]. Et il nous fait cette révélation suprême : « *Deus caritas est.* Dieu est amour ! »[15].

14. Jn 1, 1.

15. Jn 6, 8.

Où apprendrez-vous que Dieu est amour ? Dans l'intimité avec Jésus. Où apprendrez-vous à vivre cette intimité ? Au pied du tabernacle, à la messe et dans l'Evangile. C'est là que Jésus se manifeste à nous, dans ses paroles, ses actes, tout son Cœur et tous les attributs de son amour. C'est là que nous pouvons comprendre avec saint Paul et tous les saints la largeur, la longueur, la hauteur, la profondeur de cette charité infinie.

Le Père Loew dans son admirable livre *Comme s'il voyait l'invisible*[16], l'affirme avec force : « La vie chrétienne ne sera jamais autre chose qu'une amitié de l'homme avec Dieu », et s'il y a une définition de la charité à laquelle nous devons sans cesse revenir comme à la source de notre jeunesse et de notre émerveillement, c'est bien celle de saint Thomas d'Aquin : « La charité est une amitié avec Dieu ». Vraiment Jésus nous parle comme à des amis.

« Comme le Père m'a aimé, moi aussi je vous ai aimés (c'est infini), demeurez dans mon amour. Je vous dis cela pour que ma joie

16. p. 43.

soit en vous et que votre joie soit parfaite. Voici mon commandement : aimez-vous les uns les autres comme je vous ai aimés. Vous êtes mes amis. Tout ce que j'ai appris de mon Père je vous l'ai fait connaître. Ce n'est pas vous qui m'avez choisi, c'est moi qui vous ai choisis »[17]. « Que votre cœur cesse de se troubler. Croyez en Dieu, croyez aussi en moi. Il y a beaucoup de demeures dans la maison du Père. Je vais vous préparer une place. Et quand je serai allé vous préparer une place je reviendrai vous prendre avec moi afin que là où je suis vous soyez vous aussi. Et du lieu où je suis vous connaissez le chemin. Je suis la Voie, la Vérité et la Vie »[18].

Est-ce que jamais un ami a parlé avec plus de tendresse à son ami ? Paroles incroyables, inouïes. Ce besoin de « partager » avec ses amis, de partager sa joie et sa gloire d'être aimé du Père, de partager sa table, en son Royaume. « Ne vous troublez pas, je pars mais c'est pour vous préparer une place ». Le besoin

17. Jn 15, 9 et 11.

18. Jn 14, 1.

des amis d'être ensemble : « Je veux que là où je suis, ils soient aussi avec moi »[19].

J'ai trouvé une réponse admirable de foi vivante à ces paroles de Jésus dans trois paroles, prononcées au moment de mourir : c'est Charles Maurras, le sourd, disant : « Pour la première fois j'entends quelqu'un qui vient » ; c'est Gaby Morlay, l'actrice, disant : « Je ne pars pas, j'arrive » ; c'est plus profond encore le petit Noir disant : « Je m'en vais chez nous ». Il avait tout compris. Ah ! que je vous souhaite à tous de dire à l'heure de votre mort : « Je m'en vais chez nous ».

Lisez et relisez les textes du Concile. Dans un style d'une hauteur de ton, d'une gravité, d'une sérénité aussi où l'on sent passer le souffle de l'Esprit-Saint, ils nous enseignent la vérité, ils nous montrent la voie, ils augmentent en nous la vie.

« Le Seigneur Jésus, dit le Concile, est la fin de l'histoire humaine, le point de visée des civilisations, le centre du genre humain, la joie des cœurs, la plénitude de leurs aspirations.

19. Jn 17, 24.

C'est lui que le Père a ressuscité, exalté, placé à sa droite, constitué Juge des vivants et des morts. C'est par lui que nous sommes vivifiés, c'est dans son Esprit que nous sommes rassemblés. C'est avec lui que nous sommes en marche vers la consommation de l'histoire, vers l'instauration de toutes choses en lui, celles du ciel et celles de la terre »[20]. Et Paul VI : « Nous n'aurons jamais fini de sonder le mystère de la personnalité de Jésus. Nous n'aurons jamais fini de l'écouter comme Maître, de l'imiter comme exemple, de l'aimer comme Sauveur. Nous n'aurons jamais fini de découvrir son actualité, son importance pour toutes les grandes questions de notre temps ; nous n'aurons jamais fini de sentir naître en nous comme expérience spirituelle unique, le désir, le tourment, l'espérance de pouvoir enfin le voir, le rencontrer, de comprendre et de goûter, jusqu'au bonheur suprême, qu'il est notre vie nouvelle et vraie, et notre salut[21].

« Nous devons vivre dans l'espérance de le rencontrer, lui Jésus, comme l'on rencontre

20. *Gaudium et spes*, n° 45.

21. Discours du 1er février 1967.

sur un sentier un pèlerin en marche, un ami que l'on connaît, un frère de son propre sang, un Maître de sa propre langue, un libérateur qui peut tout accomplir, un Sauveur »[22].

Des voix épiscopales s'élèvent pour dire de même : « L'Eglise ouverte au monde, c'est le cœur du Christ ouvert une fois pour toutes à la Croix ; le Cœur d'où coulent le sang et l'eau du salut, le Cœur jamais refermé pour accueillir tous les hommes dans l'amour de Dieu. Il n'y a pas d'autre ouverture de l'Eglise au monde »[23].

Nous avons été profondément marqués par la crainte, après le péché, et nous gardons au fond de nous-mêmes la vision de l'ange brandissant son glaive fulgurant pour nous barrer le chemin de l'arbre de vie[24]. Comme si, depuis, il n'y avait pas eu Bethléem, la douceur de Nazareth, la rédemption du Calvaire, le don ineffable de l'Eucharistie, la victoire totale de la Résurrection.

Il m'a été dit à la fin d'une retraite : « Mais alors nous ne sommes rien ? » Ce cri m'a ému.

22. Message de Noël 1965.

23. Cardinal Renard, *L'esprit du Concile*.

24. Cf. Gn 3, 24.

Mais si, vous êtes cet homme dont le psalmiste dit : « Qu'est-il pour que tu te souviennes de lui ? A peine le fis-tu moindre qu'un dieu, le couronnant de gloire et de splendeur : tu l'établis sur l'œuvre de tes mains, tout fut mis par toi sous ses pieds »[25]. « Ne crains pas car je t'ai racheté, je t'ai appelé par ton nom. Tu es à moi parce que tu comptes beaucoup à mes yeux, que tu as du prix et que moi je t'aime »[26].

Vous êtes aussi cet homme à qui s'adresse l'Esprit dans l'Apocalypse : « Tu t'imagines : me voilà riche, je me suis enrichi et je ne manque de rien. Mais tu ne vois donc pas, c'est toi qui es malheureux, pitoyable, pauvre, aveugle et nu. Aussi suis donc mon conseil : achète chez moi de l'or purifié au feu pour t'enrichir ; des habits blancs pour t'en revêtir et cacher ta nudité ; un collyre enfin pour t'en oindre les yeux et recouvrer la vue »[27].

N'est-ce pas bon d'être un pauvre enrichi, un aveugle guéri, un prisonnier libéré, un con-

25. Ps 8, 5-7.

26. Is 43, 1.

27. Ap 3, 17 à 19.

damné gracié, bien plus un pécheur pardonné et divinisé ?

J'ai souvent pensé en vous parlant à cette plainte de Maurice Maignan, un des premiers compagnons d'Ozanam, après une retraite : « Une pensée me frappe. Tous les moyens de sanctification qu'expose et développe le prédicateur exigent, dit-il, une âme forte... Je ne profiterai pas d'exercices faits en vue des âmes fortes. O mon Dieu, indiquez-moi où sont les exercices propres aux âmes faibles. Les saints les auraient-ils oubliées ou dédaignées ? Oh ! si les saints n'ont pas pensé à ces pauvres âmes qui sont pourtant les plus nombreuses, vous, Seigneur, ô ma miséricorde, vous ne les avez pas abandonnées. C'est vous-même, bon Maître, qui vous en êtes chargé. Et je le sais mieux que personne. Je suis une de ces âmes-là et je vous bénis d'avoir révélé aux faibles et aux petits ce que vous n'accordez pas toujours aux vaillants et aux forts »[28].

Nous retrouvons ici l'Etoile de notre retraite, sainte Petite Thérèse, dont le Père Phili-

28. Maurice Maignan, T. II, p. 1287.

pon pense que « son influence est appelée à dominer pendant plusieurs siècles la spiritualité moderne, apportant aux hommes de notre temps un message nouveau »[29].

Nous retrouvons ici la profonde théologie morale de saint Paul : « Oui, je me complais dans mes faiblesses... car lorsque je suis faible, c'est alors que je suis fort »[30]. « Je puis tout en celui qui me rend fort »[31].

Ne vous laissez pas impressionner par des accusations de sentimentalisme, de dolorisme, d'individualisme dépassé, portées contre ceux qui ne craignent pas de parler du Cœur de Jésus et du Cœur de Marie. On ne se trompe pas à la suite d'une sainte Gertrude, d'un saint François de Sales, d'un saint Jean Eudes, d'une sainte Marguerite-Marie, d'une sainte Petite Thérèse de l'Enfant-Jésus et des Papes, tous échos de saint Jean.

Non ! la sainte Eglise n'a pas été jusqu'à Vatican II un arbre hivernal qui ne donne ses

29. M. Philipon, *Une vie toute nouvelle*, p. 17, Desclée de Brouwer.

30. 2 Co 12, 10.

31. Ph 4, 13.

feuilles, ses fleurs et ses fruits que maintenant.

Après une retraite, un des remerciements qui m'a donné le plus de joie surnaturelle, est celui-ci : « Vous nous avez prêché les vérités de toujours ».

Il n'y a rien au monde dont je sois plus sûr que de l'Amour de Jésus pour chacun de nous. Il n'y a rien que j'affirme avec plus d'assurance à une âme, que Jésus l'aime jusqu'à la folie de la croix et la gloire de la Résurrection.

Il faut dire et redire aux âmes croyantes et incroyantes, dans l'attente de son avènement, que Jésus les aime ; dire et redire le message de l'ange à Noël : « Grande joie, un Sauveur vous est né ». Enfin, il faut croire à l'Amour.

TABLE DES MATIÈRES

Achevé d'imprimer en juin 1995
sur les presses des Éditions Téqui
53150 Saint-Céneré

N° d'édition : T 53 885
Dépôt légal : Juin 1995